Tartuffe

By

Jean-Baptiste Poquelin Molière

Translated by

Curtis Hidden Page

Cover Artwork: Moliere - Le Jour ni l'Heure : Pierre Mignard

ISBN: 978-1-78139-412-0

Contents

ACT 1

Act II

Act III

Act IV

Act V

Tartuffe

La scène est à Paris.

The Scene is at Paris

ACTE I.

SCÈNE PREMIÈRE

Madame Pernelle et Flipote sa servante, Elmire,Mariane,
Dorine, Damis, Cléante.

MADAME PERNELLE	Allons, Flipote, allons, que d'eux je me délivre.
ELMIRE	Vous marchez d'un tel pas qu'on a peine à vous suivre.
MADAME PERNELLE	Laissez, ma bru, laissez, ne venez pas plus loin: Ce sont toutes façons dont je n'ai pas besoin.
ELMIRE	De ce que l'on vous doit envers vous on s'acquitte, Mais ma mère, d'où vient que vous sortez si vite?

ACT I

SCENE I

MADAME PERNELLE and FLIPOTTE, her servant;
ELMIRE, MARIANE, CLEANTE, DAMIS, DORINE

MADAME PERNELLE	Come, come, Flipotte, and let me get away.
ELMIRE	You hurry so, I hardly can attend you.
MADAME PERNELLE	Then don't, my daughter-in law. Stay where you are. I can dispense with your polite attentions.
ELMIRE	We're only paying what is due you, mother. Why must you go away in such a hurry?

MADAME PERNELLE	C'est que je ne puis voir tout ce ménage-ci,
	Et que de me complaire on ne prend nul souci.
	Oui, je sors de chez vous fort mal édifiée:
	Dans toutes mes leçons j'y suis contrariée,
	On n'y respecte rien, chacun y parle haut,
	Et c'est tout justement la cour du roi Pétaut.

DORINE	Si....

MADAME PERNELLE	Vous êtes, mamie, une fille suivante
	Un peu trop forte en gueule, et fort impertinente:
	Vous vous mêlez sur tout de dire votre avis.

DAMIS	Mais....

MADAME PERNELLE	Vous êtes un sot en trois lettres, mon fils.
	C'est moi qui vous le dis, qui suis votre grand'mère;
	Et j'ai prédit cent fois à mon fils, votre père,
	Que vous preniez tout l'air d'un méchant garnement,
	Et ne lui donneriez jamais que du tourment.

MARIANE	Je crois....

MADAME PERNELLE	Mon Dieu, sa soeur, vous faites la discrette,
	Et vous n'y touchez pas, tant vous semblez doucette;
	Mais il n'est, comme on dit, pire eau que l'eau qui dort,
	Et vous menez sous chape un train que je hais fort.

ELMIRE	Mais, ma mère,...

MADAME PERNELLE	Ma bru, qu'il ne vous en déplaise,
	Votre conduite en tout est tout à fait mauvaise;
	Vous devriez leur mettre un bon exemple aux yeux,
	Et leur défunte mère en usoit beaucoup mieux.
	Vous êtes dépensière; et cet état me blesse,
	Que vous alliez vêtue ainsi qu'une princesse.
	Quiconque à son mari veut plaire seulement,
	Ma bru, n'a pas besoin de tant d'ajustement.

MADAME PERNELLE	Because I can't endure your carryings-on,
	And no one takes the slightest pains to please me.
	I leave your house, I tell you, quite disgusted;
	You do the opposite of my instructions;
	You've no respect for anything; each one
	Must have his say; it's perfect pandemonium.

| DORINE | If … |

MADAME PERNELLE	You're a servant wench, my girl, and much
	Too full of gab, and too impertinent
	And free with your advice on all occasions.

| DAMIS | But … |

MADAME PERNELLE	You're a fool, my boy—f, o, o, l
	Just spells your name. Let grandma tell you that
	I've said a hundred times to my poor son,
	Your father, that you'd never come to good
	Or give him anything but plague and torment.

| MARIANE | I think … |

MADAME PERNELLE	O dearie me, his little sister!
	You're all demureness, butter wouldn't melt
	In your mouth, one would think to look at you.
	Still waters, though, they say … you know the proverb;
	And I don't like your doings on the sly.

| ELMIRE | But, mother … |

MADAME PERNELLE	Daughter, by your leave, your conduct
	In everything is altogether wrong;
	You ought to set a good example for 'em;
	Their dear departed mother did much better.
	You are extravagant; and it offends me,
	To see you always decked out like a princess.
	A woman who would please her husband's eyes
	Alone, wants no such wealth of fineries.

Tartuffe

CLEANTE   Mais, Madame, après tout....

MADAME   Pour vous, Monsieur son frère,
PERNELLE   Je vous estime fort, vous aime, et vous révère;
             Mais enfin, si j'étois de mon fils, son époux,
             Je vous prierois bien fort de n'entrer point chez nous.
             Sans cesse vous prêchez des maximes de vivre
             Qui par d'honnêtes gens ne se doivent point suivre.
             Je vous parle un peu franc; mais c'est là mon humeur,
             Et je ne mâche point ce que j'ai sur le coeur.

DAMIS   Votre Monsieur Tartuffe est bien heureux sans doute....

MADAME   C'est un homme de bien, qu'il faut que l'on écoute;
PERNELLE   Et je ne puis souffrir sans me mettre en courroux
             De le voir querellé par un fou comme vous.

DAMIS   Quoi? je souffrirai, moi, qu'un cagot de critique
             Vienne usurper céans un pouvoir tyrannique,
             Et que nous ne puissions à rien nous divertir,
             Si ce beau Monsieur-là n'y daigne consentir?

DORINE   S'il le faut écouter et croire à ses maximes,
             On ne peut faire rien qu'on ne fasse des crimes;
             Car il contrôle tout, ce critique zélé.

MADAME   Et tout ce qu'il contrôle est fort bien contrôlé.
PERNELLE   C'est au chemin du Ciel qu'il prétend vous conduire,
             Et mon fils à l'aimer vous devroit tous induire.

DAMIS   Non, voyez-vous, ma mère, il n'est père ni rien
             Qui me puisse obliger à lui vouloir du bien:
             Je trahirois mon coeur de parler d'autre sorte;
             Sur ses façons de faire à tous coups je m'emporte;
             J'en prévois une suite, et qu'avec ce pied plat
             Il faudra que j'en vienne à quelque grand éclat.

CLEANTE	But, madam, after all …

MADAME
PERNELLE
Sir, as for you,
The lady's brother, I esteem you highly,
Love and respect you. But, sir, all the same,
If I were in my son's, her husband's, place,
I'd urgently entreat you not to come
Within our doors. You preach a way of living
That decent people cannot tolerate.
I'm rather frank with you; but that's my way—
I don't mince matters, when I mean a thing.

DAMIS
Mr. Tartuffe, your friend, is mighty lucky …

MADAME
PERNELLE
He is a holy man, and must be heeded;
I can't endure, with any show of patience,
To hear a scatterbrains like you attack him.

DAMIS
What! Shall I let a bigot criticaster
Come and usurp a tyrant's power here?
And shall we never dare amuse ourselves
Till this fine gentleman deigns to consent?

DORINE
If we must hark to him, and heed his maxims,
There's not a thing we do but what's a crime;
He censures everything, this zealous carper.

MADAME
PERNELLE
And all he censures is well censured, too.
He wants to guide you on the way to heaven;
My son should train you all to love him well.

DAMIS
No, madam, look you, nothing—not my father
Nor anything—can make me tolerate him.
I should belie my feelings not to say so.
His actions rouse my wrath at every turn;
And I foresee that there must come of it
An open rupture with this sneaking scoundrel.

DORINE	Certes c'est une chose aussi qui scandalise, De voir qu'un inconnu céans s'impatronise, Qu'un gueux qui, quand il vint, n'avoit pas de souliers Et dont l'habit entier valoit bien six deniers, En vienne jusque-là que de se méconnaître, De contrarier tout, et de faire le maître.
MADAME PERNELLE	Hé ! merci de ma vie ! il en iroit bien mieux, Si tout se gouvernoit par ses ordres pieux.
DORINE	Il passe pour un saint dans votre fantaisie: Tout son fait, croyez-moi, n'est rien qu'hypocrisie.
MADAME PERNELLE	Voyez la langue !
DORINE	A lui, non plus qu'à son Laurent, Je ne me fierois, moi, que sur un bon garant.
MADAME PERNELLE	J'ignore ce qu'au fond le serviteur peut être; Mais pour homme de bien, je garantis le maître. Vous ne lui voulez mal et ne le rebutez Qu'à cause qu'il vous dit à tous vos vérités. C'est contre le péché que son coeur se courrouce, Et l'intérêt du Ciel est tout ce qui le pousse.
DORINE	Oui; mais pourquoi, surtout depuis un certain temps, Ne sauroit-il souffrir qu'aucun hante céans? En quoi blesse le Ciel une visite honnête, Pour en faire un vacarme à nous rompre la tête? Veut-on que là-dessus je m'explique entre nous? Je crois que de Madame il est, ma foi, jaloux.

DORINE	Besides, 'tis downright scandalous to see This unknown upstart master of the house— This vagabond, who hadn't, when he came, Shoes to his feet, or clothing worth six farthings, And who so far forgets his place, as now To censure everything, and rule the roost!
MADAME PERNELLE	Eh! Mercy sakes alive! Things would go better If all were governed by his pious orders.
DORINE	He passes for a saint in your opinion. In fact, he's nothing but a hypocrite.
MADAME PERNELLE	Just listen to her tongue!
DORINE	I wouldn't trust him, Nor yet his Lawrence, without bonds and surety.
MADAME PERNELLE	I don't know what the servant's character May be; but I can guarantee the master A holy man. You hate him and reject him Because he tells home truths to all of you. 'Tis sin alone that moves his heart to anger, And heaven's interest is his only motive.
DORINE	Of course. But why, especially of late, Can he let nobody come near the house? Is heaven offended at a civil call That he should make so great a fuss about it? I'll tell you, if you like, just what I think; (Pointing to Elmire) Upon my word, he's jealous of our mistress.

MADAME   Taisez-vous, et songez aux choses que vous dites.
PERNELLE   Ce n'est pas lui tout seul qui blâme ces visites.
            Tout ce tracas qui suit les gens que vous hantez,
            Ces carrosses sans cesse à la porte plantés,
            Et de tant de laquais le bruyant assemblage
            Font un éclat fâcheux dans tout le voisinage.
            Je veux croire qu'au fond il ne se passe rien;
            Mais enfin on en parle, et cela n'est pas bien.

CLEANTE   Hé ! voulez-vous, Madame, empêcher qu'on ne cause?
            Ce seroit dans la vie une fâcheuse chose,
            Si pour les sots discours où l'on peut être mis,
            Il falloit renoncer à ses meilleurs amis.
            Et quand même on pourroit se résoudre à le faire,
            Croiriez-vous obliger tout le monde à se taire?
            Contre la médisance il n'est point de rempart.
            A tous les sots caquets n'ayons donc nul égard;
            Efforçons-nous de vivre avec toute innocence,
            Et laissons aux causeurs une pleine licence.

DORINE   Daphné, notre voisine, et son petit époux
            Ne seroient-ils point ceux qui parlent mal de nous?
            Ceux de qui la conduite offre le plus à rire
            Sont toujours sur autrui les premiers à médire;
            Ils ne manquent jamais de saisir promptement
            L'apparente lueur du moindre attachement,
            D'en semer la nouvelle avec beaucoup de joie,
            Et d'y donner le tour qu'ils veulent qu'on y croie:
            Des actions d'autrui, teintes de leurs couleurs,
            Ils pensent dans le monde autoriser les leurs,
            Et sous le faux espoir de quelque ressemblance,
            Aux intrigues qu'ils ont donner de l'innocence,
            Ou faire ailleurs tomber quelques traits partagés
            De ce blâme public dont ils sont trop chargés.

MADAME   Tous ces raisonnements ne font rien à l'affaire.
PERNELLE   On sait qu'Orante mène une vie exemplaire:
            Tout ses soins vont au Ciel; et j'ai su par des gens
            Qu'elle condamne fort le train qui vient céans.

MADAME PERNELLE	You hold your tongue, and think what you are saying.
	He's not alone in censuring these visits;
	The turmoil that attends your sort of people,
	Their carriages forever at the door,
	And all their noisy footmen, flocked together,
	Annoy the neighbourhood, and raise a scandal.
	I'd gladly think there's nothing really wrong;
	But it makes talk; and that's not as it should be.

CLEANTE	Eh! madam, can you hope to keep folk's tongues
	From wagging? It would be a grievous thing
	If, for the fear of idle talk about us,
	We had to sacrifice our friends. No, no;
	Even if we could bring ourselves to do it,
	Think you that everyone would then be silenced?
	Against backbiting there is no defence
	So let us try to live in innocence,
	To silly tattle pay no heed at all,
	And leave the gossips free to vent their gall.

DORINE	Our neighbour Daphne, and her little husband,
	Must be the ones who slander us, I'm thinking.
	Those whose own conduct's most ridiculous,
	Are always quickest to speak ill of others;
	They never fail to seize at once upon
	The slightest hint of any love affair,
	And spread the news of it with glee, and give it
	The character they'd have the world believe in.
	By others' actions, painted in their colours,
	They hope to justify their own; they think,
	In the false hope of some resemblance, either
	To make their own intrigues seem innocent,
	Or else to make their neighbours share the blame
	Which they are loaded with by everybody.

MADAME PERNELLE	These arguments are nothing to the purpose.
	Orante, we all know, lives a perfect life;
	Her thoughts are all of heaven; and I have heard
	That she condemns the company you keep.

DORINE   L'exemple est admirable, et cette dame est bonne !
           Il est vrai qu'elle vit en austère personne;
           Mais l'âge dans son âme a mis ce zèle ardent,
           Et l'on sait qu'elle est prude à son corps défendant.
           Tant qu'elle a pu des coeurs attirer les hommages,
           Elle a fort bien joui de tous ses avantages;
           Mais, voyant de ses yeux tous les brillants baisser,
           Au monde, qui la quitte, elle veut renoncer,
           Et du voile pompeux d'une haute sagesse
           De ses attraits usés déguise la foiblesse.
           Ce sont là les retours des coquettes du temps.
           Il leur est dur de voir déserter les galants.
           Dans un tel abandon, leur sombre inquiétude
           Ne voit d'autre recours que le métier de prude;
           Et la sévérité de ces femmes de bien
           Censure toute chose, et ne pardonne à rien;
           Hautement d'un chacun elles blâment la vie,
           Non point par charité, mais par un trait d'envie,
           Qui ne sauroit souffrir qu'une autre ait les plaisirs
           Dont le penchant de l'âge a sevré leurs désirs.

DORINE   O admirable pattern! Virtuous dame!
She lives the model of austerity;
But age has brought this piety upon her,
And she's a prude, now she can't help herself.
As long as she could capture men's attentions
She made the most of her advantages;
But, now she sees her beauty vanishing,
She wants to leave the world, that's leaving her,
And in the specious veil of haughty virtue
She'd hide the weakness of her worn-out charms.
That is the way with all your old coquettes;
They find it hard to see their lovers leave 'em;
And thus abandoned, their forlorn estate
Can find no occupation but a prude's.
These pious dames, in their austerity,
Must carp at everything, and pardon nothing.
They loudly blame their neighbours' way of living,
Not for religion's sake, but out of envy,
Because they can't endure to see another
Enjoy the pleasures age has weaned them from.

MADAME PERNELLE	Voilà les contes bleus qu'il vous faut pour vous plaire.
	Ma bru, l'on est chez vous contrainte de se taire,
	Car Madame à jaser tient le dé tout le jour.
	Mais enfin je prétends discourir à mon tour:
	Je vous dis que mon fils n'a rien fait de plus sage
	Qu'en recueillant chez soi ce dévot personnage;
	Que le Ciel au besoin l'a céans envoyé
	Pour redresser à tous votre esprit fourvoyé;
	Que pour votre salut vous le devez entendre,
	Et qu'il ne reprend rien qui ne soit à reprendre.
	Ces visites, ces bals, ces conversations
	Sont du malin esprit toutes inventions.
	Là jamais on n'entend de pieuses paroles:
	Ce sont propos oisifs, chansons et fariboles;
	Bien souvent le prochain en a sa bonne part,
	Et l'on y sait médire et du tiers et du quart.
	Enfin les gens sensés ont leurs têtes troublées
	De la confusion de telles assemblées:
	Mille caquets divers s'y font en moins de rien;
	Et comme l'autre jour un docteur dit fort bien,
	C'est véritablement la tour de Babylone,
	Car chacun y babille, et tout du long de l'aune;
	Et pour conter l'histoire où ce point l'engagea...
	Voilà-t-il pas Monsieur qui ricane déjà !
	Allez chercher vos fous qui vous donnent à rire,
	Et sans... Adieu, ma bru: je ne veux plus rien dire.
	Sachez que pour céans j'en rabats de moitié,
	Et qu'il fera beau temps quand j'y mettrai le pied.
	[Donnant un soufflet à Flipote.]
	Allons, vous, vous rêvez, et bayez aux corneilles.
	Jour de Dieu ! je saurai vous frotter les oreilles.
	Marchons, gaupe, marchons.

14

MADAME   (to Elmire)
PERNELLE There! That's the kind of rigmarole to please you,
          Daughter-in-law. One never has a chance
          To get a word in edgewise, at your house,
          Because this lady holds the floor all day;
          But none the less, I mean to have my say, too.
          I tell you that my son did nothing wiser
          In all his life, than take this godly man
          Into his household; heaven sent him here,
          In your great need, to make you all repent;
          For your salvation, you must hearken to him;
          He censures nothing but deserves his censure.
          These visits, these assemblies, and these balls,
          Are all inventions of the evil spirit.
          You never hear a word of godliness
          At them—but idle cackle, nonsense, flimflam.
          Our neighbour often comes in for a share,
          The talk flies fast, and scandal fills the air;
          It makes a sober person's head go round,
          At these assemblies, just to hear the sound
          Of so much gab, with not a word to say;
          And as a learned man remarked one day
          Most aptly, 'tis the Tower of Babylon,
          Where all, beyond all limit, babble on.
          And just to tell you how this point came in …
          (To Cleante)
          So! Now the gentlemen must snicker, must he?
          Go find fools like yourself to make you laugh
          And don't …
          (To Elmire)
          Daughter, good-bye; not one word more.
          As for this house, I leave the half unsaid;
          But I shan't soon set foot in it again,
          (Cuffing Flipotte)
          Come, you! What makes you dream and stand agape,
          Hussy! I'll warm your ears in proper shape!
          March, trollop, march!

SCÈNE II.

Cléante, Dorine.

CLEANTE   Je n'y veux point aller,
De peur qu'elle ne vînt encor me quereller,
Que cette bonne femme...

DORINE   Ah ! certes, c'est dommage
Qu'elle ne vous ouît tenir un tel langage:
Elle vous diroit bien qu'elle vous trouve bon,
Et qu'elle n'est point d'âge à lui donner ce nom.

CLEANTE   Comme elle s'est pour rien contre nous échauffée !
Et que de son Tartuffe elle paroît coiffée !

SCENE II

CLEANTE   I won't escort her down,
            For fear she might fall foul of me again;
            The good old lady …

DORINE   Bless us! What a pity
            She shouldn't hear the way you speak of her!
            She'd surely tell you you're too "good" by half,
            And that she's not so "old" as all that, neither!

CLEANTE   How she got angry with us all for nothing!
            And how she seems possessed with her Tartuffe!

DORINE   Oh ! vraiment tout cela n'est rien au prix du fils,
Et si vous l'aviez vu, vous diriez: «C'est bien pis !»
Nos troubles l'avoient mis sur le pied d'homme sage,
Et pour servir son prince il montra du courage;
Mais il est devenu comme un homme hébété,
Depuis que de Tartuffe on le voit entêté;
Il l'appelle son frère, et l'aime dans son âme
Cent fois plus qu'il ne fait mère, fils, fille et femme.
C'est de tous ses secrets l'unique confident,
Et de ses actions le directeur prudent;
Il le choie, il l'embrasse, et pour une maîtresse
On ne sauroit, je pense, avoir plus de tendresse;
A table, au plus haut bout il veut qu'il soit assis;
Avec joie il l'y voit manger autant que six;
Les bons morceaux de tout, il faut qu'on les lui cède;
Et s'il vient à roter, il lui dit: «Dieu vous aide !»
[C'est une servante qui parle.]
Enfin il en est fou; c'est son tout, son héros;
Il l'admire à tous coups, le cite à tout propos;
Ses moindres actions lui semblent des miracles,
Et tous les mots qu'il dit sont pour lui des oracles.
Lui, qui connoît sa dupe et qui veut en jouir,
Par cent dehors fardés a l'art de l'éblouir;
Son cagotisme en tire à toute heure des sommes,
Et prend droit de gloser sur tous tant que nous sommes.
Il n'est pas jusqu'au fat qui lui sert de garçon
Qui ne se mêle aussi de nous faire leçon;
Il vient nous sermonner avec des yeux farouches,
Et jeter nos rubans, notre rouge et nos mouches.
Le traître, l'autre jour, nous rompit de ses mains
Un mouchoir qu'il trouva dans une Fleur des Saints,
Disant que nous mêlions, par un crime effroyable,
Avec la sainteté les parures du diable.

---

[1] Referring to the rebellion called La Fronde, during the minority of Louis XIV.

DORINE   Her case is nothing, though, beside her son's!
To see him, you would say he's ten times worse!
His conduct in our late unpleasantness[1]
Had won him much esteem, and proved his courage
In service of his king; but now he's like
A man besotted, since he's been so taken
With this Tartuffe. He calls him brother, loves him
A hundred times as much as mother, son,
Daughter, and wife. He tells him all his secrets
And lets him guide his acts, and rule his conscience.
He fondles and embraces him; a sweetheart
Could not, I think, be loved more tenderly;
At table he must have the seat of honour,
While with delight our master sees him eat
As much as six men could; we must give up
The choicest tidbits to him; if he belches,
('tis a servant speaking)[2]
Master exclaims: "God bless you!"—Oh, he dotes
Upon him! he's his universe, his hero;
He's lost in constant admiration, quotes him
On all occasions, takes his trifling acts
For wonders, and his words for oracles.
The fellow knows his dupe, and makes the most on't,
He fools him with a hundred masks of virtue,
Gets money from him all the time by canting,
And takes upon himself to carp at us.
Even his silly coxcomb of a lackey
Makes it his business to instruct us too;
He comes with rolling eyes to preach at us,
And throws away our ribbons, rouge, and patches.
The wretch, the other day, tore up a kerchief
That he had found, pressed in the Golden Legend,
Calling it a horrid crime for us to mingle
The devil's finery with holy things.

---

[2] Moliere's note, inserted in the text of all the old editions. It is a curious illustration of the desire for uniformity and dignity of style in dramatic verse of the seventeenth century, that Moliere feels called on to apologize for a touch of realism like this. Indeed, these lines were even omitted when the play was given.

SCÈNE III.

Elmire, Mariane, Damis, Cléante, Dorine.

ELMIRE
Vous êtes bien heureux de n'être point venu
Au discours qu'à la porte elle nous a tenu.
Mais j'ai vu mon mari: comme il ne m'a point vue,
Je veux aller là-haut attendre sa venue.

CLEANTE
Moi, je l'attends ici pour moins d'amusement,
Et je vais lui donner le bonjour seulement.

ELMIRE, MARIANE, DAMIS, CLEANTE, DORINE

(to Cleante)
You're very lucky to have missed the speech
She gave us at the door. I see my husband
Is home again. He hasn't seen me yet,
So I'll go up and wait till he comes in.

And I, to save time, will await him here;
I'll merely say good-morning, and be gone.

DAMIS   De l'hymen de ma soeur touchez-lui quelque chose.
         J'ai soupçon que Tartuffe à son effet s'oppose,
         Qu'il oblige mon père à des détours si grands;
         Et vous n'ignorez pas quel intérêt j'y prends.
         Si même ardeur enflamme et ma soeur et Valère,
         La soeur de cet ami, vous le savez, m'est chère;
         Et s'il falloit....

DORINE   Il entre.

SCENE IV

CLEANTE, DAMIS, DORINE

DAMIS   I wish you'd say a word to him about
My sister's marriage; I suspect Tartuffe
Opposes it, and puts my father up
To all these wretched shifts. You know, besides,
How nearly I'm concerned in it myself;
If love unites my sister and Valere,
I love his sister too; and if this marriage
Were to …

DORINE   He's coming.

SCÈNE IV.

Orgon, Cléante, Dorine.

ORGON   Ah ! mon frère, bonjour

CLEANTE   Je sortois, et j'ai joie à vous voir de retour.
La campagne à présent n'est pas beaucoup fleurie.

ORGON   Dorine.... Mon beau-frère, attendez, je vous prie:
Vous voulez bien souffrir, pour m'ôter de souci,
Que je m'informe un peu des nouvelles d'ici.
Tout s'est-il, ces deux jours, passé de bonne sorte?
Qu'est-ce qu'on fait céans? comme est-ce qu'on s'y porte?

DORINE   Madame eut avant-hier la fièvre jusqu'au soir,
Avec un mal de tête étrange à concevoir.

ORGON   Et Tartuffe?

DORINE   Tartuffe? Il se porte à merveille,
Gros et gras, le teint frais, et la bouche vermeille.

ORGON   Le pauvre homme !

DORINE   Le soir, elle eut un grand dégoût,
Et ne put au souper toucher à rien du tout,
Tant sa douleur de tête étoit encore cruelle !

ORGON   Et Tartuffe?

SCENE V

ORGON, CLEANTE, DORINE

ORGON   Ah! Good morning, brother.

CLEANTE   I was just going, but am glad to greet you.
            Things are not far advanced yet, in the country?

ORGON   Dorine …
            (To Cleante)
            Just wait a bit, please, brother-in-law.
            Let me allay my first anxiety
            By asking news about the family.
            (To Dorine)
            Has everything gone well these last two days?
            What's happening? And how is everybody?

DORINE   Madam had fever, and a splitting headache
            Day before yesterday, all day and evening.

ORGON   And how about Tartuffe?

DORINE   Tartuffe? He's well;
            He's mighty well; stout, fat, fair, rosy-lipped.

ORGON   Poor man!

DORINE   At evening she had nausea
            And couldn't touch a single thing for supper,
            Her headache still was so severe.

ORGON   And how
            About Tartuffe?

DORINE   Il soupa, lui tout seul, devant elle,
         Et fort dévotement il mangea deux perdrix,
         Avec une moitié de gigot en hachis.

ORGON   Le pauvre homme !

DORINE   La nuit se passa toute entière
         Sans qu'elle pût fermer un moment la paupière;
         Des chaleurs l'empêchoient de pouvoir sommeiller,
         Et jusqu'au jour près d'elle il nous fallut veiller.

ORGON   Et Tartuffe?

DORINE   Pressé d'un sommeil agréable,
         Il passa dans sa chambre au sortir de la table,
         Et dans son lit bien chaud il se mit tout soudain,
         Où sans trouble il dormit jusques au lendemain.

ORGON   Le pauvre homme !

DORINE   A la fin, par nos raisons gagnée,
         Elle se résolut à souffrir la saignée,
         Et le soulagement suivit tout aussitôt.

ORGON   Et Tartuffe?

DORINE   Il reprit courage comme il faut,
         Et contre tous les maux fortifiant son âme,
         Pour réparer le sang qu'avoit perdu Madame,
         But à son déjeuner quatre grands coups de vin.

ORGON   Le pauvre homme !

DORINE   Tous deux se portent bien enfin;
         Et je vais à Madame annoncer par avance
         La part que vous prenez à sa convalescence.

DORINE	He supped alone, before her,
	And unctuously ate up two partridges,
	As well as half a leg o' mutton, deviled.

ORGON	Poor man!

DORINE	All night she couldn't get a wink
	Of sleep, the fever racked her so; and we
	Had to sit up with her till daylight.

ORGON	How
	About Tartuffe?

DORINE	Gently inclined to slumber,
	He left the table, went into his room,
	Got himself straight into a good warm bed,
	And slept quite undisturbed until next morning.

ORGON	Poor man!

DORINE	At last she let us all persuade her,
	And got up courage to be bled; and then
	She was relieved at once.

ORGON	And how about
	Tartuffe?

DORINE	He plucked up courage properly,
	Bravely entrenched his soul against all evils,
	And to replace the blood that she had lost,
	He drank at breakfast four huge draughts of wine.

ORGON	Poor man!

DORINE	So now they both are doing well;
	And I'll go straightway and inform my mistress
	How pleased you are at her recovery.

SCÈNE V.

Orgon, Cléante.

CLEANTE   A votre nez, mon frère, elle se rit de vous;
            Et sans avoir dessein de vous mettre en courroux,
            Je vous dirai tout franc que c'est avec justice.
            A-t-on jamais parlé d'un semblable caprice?
            Et se peut-il qu'un homme ait un charme aujourd'hui
            A vous faire oublier toutes choses pour lui,
            Qu'après avoir chez vous réparé sa misère,
            Vous en veniez au point...?

ORGON   Alte-là, mon beau-frère:
            Vous ne connoissez pas celui dont vous parlez.

CLEANTE   Je ne le connois pas, puisque vous le voulez;
            Mais enfin, pour savoir quel homme ce peut être....

ORGON   Mon frère, vous seriez charmé de le connoître,
            Et vos ravissements ne prendroient point de fin.
            C'est un homme... qui... ha !... un homme... un homme enfin.
            Qui suit bien ses leçons goûte une paix profonde,
            Et comme du fumier regarde tout le monde.
            Oui, je deviens tout autre avec son entretien;
            Il m'enseigne à n'avoir affection pour rien,
            De toutes amitiés il détache mon âme;
            Et je verrois mourir frère, enfants, mère et femme,
            Que je m'en soucierois autant que de cela.

CLEANTE   Les sentiments humains, mon frère, que voilà !

SCENE VI

ORGON, CLEANTE

CLEANTE   Brother, she ridicules you to your face;
And I, though I don't want to make you angry,
Must tell you candidly that she's quite right.
Was such infatuation ever heard of?
And can a man to-day have charms to make you
Forget all else, relieve his poverty,
Give him a home, and then …?

ORGON   Stop there, good brother,
You do not know the man you're speaking of.

CLEANTE   Since you will have it so, I do not know him;
But after all, to tell what sort of man
He is …

ORGON   Dear brother, you'd be charmed to know him;
Your raptures over him would have no end.
He is a man … who … ah! … in fact …a man
Whoever does his will, knows perfect peace,
And counts the whole world else, as so much dung.
His converse has transformed me quite; he weans
My heart from every friendship, teaches me
To have no love for anything on earth;
And I could see my brother, children, mother,
And wife, all die, and never care—a snap.

CLEANTE   Your feelings are humane, I must say, brother!

29

ORGON

Ha ! si vous aviez vu comme j'en fis rencontre,
Vous auriez pris pour lui l'amitié que je montre.
Chaque jour à l'église il venoit, d'un air doux,
Tout vis-à-vis de moi se mettre à deux genoux.
Il attiroit les yeux de l'assemblée entière
Par l'ardeur dont au Ciel il poussoit sa prière;
Il faisoit des soupirs, de grands élancements,
Et baisoit humblement la terre à tous moments;
Et lorsque je sortois, il me devançoit vite,
Pour m'aller à la porte offrir de l'eau bénite.
Instruit par son garçon, qui dans tout l'imitoit,
Et de son indigence, et de ce qu'il étoit,
Je lui faisois des dons; mais avec modestie
Il me vouloit toujours en rendre une partie.
«C'est trop, me disoit-il, c'est trop de la moitié;
Je ne mérite pas de vous faire pitié;»
Et quand je refusois de le vouloir reprendre,
Aux pauvres, à mes yeux, il alloit le répandre.
Enfin le Ciel chez moi me le fit retirer,
Et depuis ce temps-là tout semble y prospérer.
Je vois qu'il reprend tout, et qu'à ma femme même
Il prend, pour mon honneur, un intérêt extrême;
Il m'avertit des gens qui lui font les yeux doux,
Et plus que moi six fois il s'en montre jaloux.
Mais vous ne croiriez point jusqu'où monte son zèle:
Il s'impute à péché la moindre bagatelle;
Un rien presque suffit pour le scandaliser;
Jusque-là qu'il se vint l'autre jour accuser
D'avoir pris une puce en faisant sa prière,
Et de l'avoir tuée avec trop de colère.

ORGON   Ah! If you'd seen him, as I saw him first,
               You would have loved him just as much as I.
               He came to church each day, with contrite mien,
               Kneeled, on both knees, right opposite my place,
               And drew the eyes of all the congregation,
               To watch the fervour of his prayers to heaven;
               With deep-drawn sighs and great ejaculations,
               He humbly kissed the earth at every moment;
               And when I left the church, he ran before me
               To give me holy water at the door.
               I learned his poverty, and who he was,
               By questioning his servant, who is like him,
               And gave him gifts; but in his modesty
               He always wanted to return a part.
               "It is too much," he'd say, "too much by half;
               I am not worthy of your pity." Then,
               When I refused to take it back, he'd go,
               Before my eyes, and give it to the poor.
               At length heaven bade me take him to my home,
               And since that day, all seems to prosper here.
               He censures everything, and for my sake
               He even takes great interest in my wife;
               He lets me know who ogles her, and seems
               Six times as jealous as I am myself.
               You'd not believe how far his zeal can go:
               He calls himself a sinner just for trifles;
               The merest nothing is enough to shock him;
               So much so, that the other day I heard him
               Accuse himself for having, while at prayer,
               In too much anger caught and killed a flea.

CLEANTE   Parbleu ! vous êtes fou, mon frère, que je croi.
Avec de tels discours vous moquez-vous de moi?
Et que prétendez-vous que tout ce badinage...?

ORGON   Mon frère, ce discours sent le libertinage:
Vous en êtes un peu dans votre âme entiché;
Et comme je vous l'ai plus de dix fois prêché,
Vous vous attirerez quelque méchante affaire.

CLEANTE   Voilà de vos pareils le discours ordinaire:
Ils veulent que chacun soit aveugle comme eux.
C'est être libertin que d'avoir de bons yeux,
Et qui n'adore pas de vaines simagrées,
N'a ni respect ni foi pour les choses sacrées.
Allez, tous vos discours ne me font point de peur:
Je sais comme je parle, et le Ciel voit mon coeur.
De tous vos façonniers on n'est point les esclaves.
Il est de faux dévots ainsi que de faux braves;
Et comme on ne voit pas qu'où l'honneur les conduit
Les vrais braves soient ceux qui font beaucoup de bruit,
Les bons et vrais dévots, qu'on doit suivre à la trace,
Ne sont pas ceux aussi qui font tant de grimace.
Hé quoi? vous ne ferez nulle distinction
Entre l'hypocrisie et la dévotion?
Vous les voulez traiter d'un semblable langage,
Et rendre même honneur au masque qu'au visage,
Égaler l'artifice à la sincérité,
Confondre l'apparence avec la vérité,
Estimer le fantôme autant que la personne,
Et la fausse monnaie à l'égal de la bonne?
Les hommes la plupart sont étrangement faits !
Dans la juste nature on ne les voit jamais;
La raison a pour eux des bornes trop petites;
En chaque caractère ils passent ses limites;
Et la plus noble chose, ils la gâtent souvent
Pour la vouloir outrer et pousser trop avant.
Que cela vous soit dit en passant, mon beau-frère.

CLEANTE   Zounds, brother, you are mad, I think! Or else
           You're making sport of me, with such a speech.
           What are you driving at with all this nonsense …?

ORGON   Brother, your language smacks of atheism;
           And I suspect your soul's a little tainted
           Therewith. I've preached to you a score of times
           That you'll draw down some judgment on your head.

CLEANTE   That is the usual strain of all your kind;
           They must have every one as blind as they.
           They call you atheist if you have good eyes;
           And if you don't adore their vain grimaces,
           You've neither faith nor care for sacred things.
           No, no; such talk can't frighten me; I know
           What I am saying; heaven sees my heart.
           We're not the dupes of all your canting mummers;
           There are false heroes—and false devotees;
           And as true heroes never are the ones
           Who make much noise about their deeds of honour,
           Just so true devotees, whom we should follow,
           Are not the ones who make so much vain show.
           What! Will you find no difference between
           Hypocrisy and genuine devoutness?
           And will you treat them both alike, and pay
           The self-same honour both to masks and faces
           Set artifice beside sincerity,
           Confuse the semblance with reality,
           Esteem a phantom like a living person,
           And counterfeit as good as honest coin?
           Men, for the most part, are strange creatures, truly!
           You never find them keep the golden mean;
           The limits of good sense, too narrow for them,
           Must always be passed by, in each direction;
           They often spoil the noblest things, because
           They go too far, and push them to extremes.
           I merely say this by the way, good brother.

ORGON   Oui, vous êtes sans doute un docteur qu'on révère;
Tout le savoir du monde est chez vous retiré;
Vous êtes le seul sage et le seul éclairé,
Un oracle, un Caton dans le siècle où nous sommes;
Et près de vous ce sont des sots que tous les hommes.

CLEANTE   Je ne suis point, mon frère, un docteur révéré,
Et le savoir chez moi n'est pas tout retiré.
Mais, en un mot, je sais, pour toute ma science,
Du faux avec le vrai faire la différence.
Et comme je ne vois nul genre de héros
Qui soient plus à priser que les parfaits dévots,
Aucune chose au monde et plus noble et plus belle
Que la sainte ferveur d'un véritable zèle,
Aussi ne vois-je rien qui soit plus odieux
Que le dehors plâtré d'un zèle spécieux,
Que ces francs charlatans, que ces dévots de place,
De qui la sacrilège et trompeuse grimace
Abuse impunément et se joue à leur gré
De ce qu'ont les mortels de plus saint et sacré,
Ces gens qui, par une âme à l'intérêt soumise,
Font de dévotion métier et marchandise,
Et veulent acheter crédit et dignités
A prix de faux clins d'yeux et d'élans affectés,
Ces gens, dis-je, qu'on voit d'une ardeur non commune
Par le chemin du Ciel courir à leur fortune,
Qui, brûlants et priants, demandent chaque jour,
Et prêchent la retraite au milieu de la cour,
Qui savent ajuster leur zèle avec leurs vices,
Sont prompts, vindicatifs, sans foi, pleins d'artifices,
Et pour perdre quelqu'un couvrent insolemment
De l'intérêt du Ciel leur fier ressentiment,

ORGON   You are the sole expounder of the doctrine;
          Wisdom shall die with you, no doubt, good brother,
          You are the only wise, the sole enlightened,
          The oracle, the Cato, of our age.
          All men, compared to you, are downright fools.

CLEANTE   I'm not the sole expounder of the doctrine,
          And wisdom shall not die with me, good brother.
          But this I know, though it be all my knowledge,
          That there's a difference 'twixt false and true.
          And as I find no kind of hero more
          To be admired than men of true religion,
          Nothing more noble or more beautiful
          Than is the holy zeal of true devoutness;
          Just so I think there's naught more odious
          Than whited sepulchres of outward unction,
          Those barefaced charlatans, those hireling zealots,
          Whose sacrilegious, treacherous pretence
          Deceives at will, and with impunity
          Makes mockery of all that men hold sacred;
          Men who, enslaved to selfish interests,
          Make trade and merchandise of godliness,
          And try to purchase influence and office
          With false eye-rollings and affected raptures;
          Those men, I say, who with uncommon zeal
          Seek their own fortunes on the road to heaven;
          Who, skilled in prayer, have always much to ask,
          And live at court to preach retirement;
          Who reconcile religion with their vices,
          Are quick to anger, vengeful, faithless, tricky,
          And, to destroy a man, will have the boldness
          To call their private grudge the cause of heaven;

D'autant plus dangereux dans leur âpre colère,
Qu'ils prennent contre nous des armes qu'on révère,
Et que leur passion, dont on leur sait bon gré,
Veut nous assassiner avec un fer sacré.
De ce faux caractère on en voit trop paroître;
Mais les dévots de coeur sont aisés à connoître.
Notre siècle, mon frère, en expose à nos yeux
Qui peuvent nous servir d'exemples glorieux:
Regardez Ariston, regardez Périandre,
Oronte, Alcidamas, Polydore, Clitandre;
Ce titre par aucun ne leur est débattu;
Ce ne sont point du tout fanfarons de vertu;
On ne voit point en eux ce faste insupportable,
Et leur dévotion est humaine, est traitable;
Ils ne censurent point toutes nos actions:
Ils trouvent trop d'orgueil dans ces corrections;
Et laissant la fierté des paroles aux autres,
C'est par leurs actions qu'ils reprennent les nôtres.
L'apparence du mal a chez eux peu d'appui,
Et leur âme est portée à juger bien d'autrui.
Point de cabale en eux, point d'intrigues à suivre;
On les voit, pour tous soins, se mêler de bien vivre;
Jamais contre un pécheur ils n'ont d'acharnement;
Ils attachent leur haine au péché seulement,
Et ne veulent point prendre, avec un zèle extrême,
Les intérêts du Ciel plus qu'il ne veut lui-même.
Voilà mes gens, voilà comme il en faut user,
Voilà l'exemple enfin qu'il se faut proposer.
Votre homme, à dire vrai, n'est pas de ce modèle:
C'est de fort bonne foi que vous vantez son zèle;
Mais par un faux éclat je vous crois ébloui.

All the more dangerous, since in their anger
They use against us weapons men revere,
And since they make the world applaud their passion,
And seek to stab us with a sacred sword.
There are too many of this canting kind.
Still, the sincere are easy to distinguish;
And many splendid patterns may be found,
In our own time, before our very eyes
Look at Ariston, Periandre, Oronte,
Alcidamas, Clitandre, and Polydore;
No one denies their claim to true religion;
Yet they're no braggadocios of virtue,
They do not make insufferable display,
And their religion's human, tractable;
They are not always judging all our actions,
They'd think such judgment savoured of presumption;
And, leaving pride of words to other men,
'Tis by their deeds alone they censure ours.
Evil appearances find little credit
With them; they even incline to think the best
Of others. No caballers, no intriguers,
They mind the business of their own right living.
They don't attack a sinner tooth and nail,
For sin's the only object of their hatred;
Nor are they over-zealous to attempt
Far more in heaven's behalf than heaven would have 'em.
That is my kind of man, that is true living,
That is the pattern we should set ourselves.
Your fellow was not fashioned on this model;
You're quite sincere in boasting of his zeal;
But you're deceived, I think, by false pretences.

ORGON   Monsieur mon cher beau-frère, avez-vous tout dit?

CLEANTE   Oui.

ORGON   Je suis votre valet. (Il veut s'en aller.)

CLEANTE   De grâce, un mot, mon frère.
               Laissons là ce discours. Vous savez que Valère
               Pour être votre gendre a parole de vous?

ORGON   Oui.

CLEANTE   Vous aviez pris jour pour un lien si doux.

ORGON   Il est vrai.

CLEANTE   Pourquoi donc en différer la fête?

ORGON   Je ne sais.

CLEANTE   Auriez-vous autre pensée en tête?

ORGON   Peut-être.

CLEANTE   Vous voulez manquer à votre foi?

ORGON   Je ne dis pas cela.

CLEANTE   Nul obstacle, je croi,
               Ne peut vous empêcher d'accomplir vos promesses.

ORGON   Selon.

CLEANTE   Pour dire un mot faut-il tant de finesses?
               Valère sur ce point me fait vous visiter.

ORGON   Le Ciel en soit loué !

ORGON   My dear good brother-in-law, have you quite done?

CLEANTE   Yes.

ORGON   I'm your humble servant.
               (Starts to go.)

CLEANTE   Just a word.
               We'll drop that other subject. But you know
               Valere has had the promise of your daughter.

ORGON   Yes.

CLEANTE   You had named the happy day.

ORGON   Tis true.

CLEANTE   Then why put off the celebration of it?

ORGON   I can't say.

CLEANTE   Can you have some other plan
               In mind?

ORGON   Perhaps.

CLEANTE   You mean to break your word?

ORGON   I don't say that.

CLEANTE   I hope no obstacle
               Can keep you from performing what you've promised.

ORGON   Well, that depends.

CLEANTE   Why must you beat about?
               Valere has sent me here to settle matters.

ORGON   Heaven be praised!

CLEANTE   Mais que lui reporter?

ORGON   Tout ce qu'il vous plaira.

CLEANTE   Mais il est nécessaire
De savoir vos desseins. Quels sont-ils donc?

ORGON   De faire
Ce que le Ciel voudra.

CLEANTE   Mais parlons tout de bon.
Valère a votre foi: la tiendrez-vous, ou non?

ORGON   Adieu.

CLEANTE   Pour son amour je crains une disgrâce,
Et je dois l'avertir de tout ce qui se passe.

CLEANTE   What answer shall I take him?

ORGON   Why, anything you please.

CLEANTE   But we must know
Your plans. What are they?

ORGON   I shall do the will
Of Heaven.

CLEANTE   Come, be serious. You've given
Your promise to Valere. Now will you keep it?

ORGON   Good-bye.

CLEANTE   (alone)
His love, methinks, has much to fear;
I must go let him know what's happening here.

ACTE II.

SCÈNE PREMIÈRE.

Orgon, Mariane.

ORGON   Mariane.

MARIANE   Mon père.

ORGON   Approchez, j'ai de quoi
Vous parler en secret.

MARIANE   Que cherchez-vous?

ORGON   (Il regarde dans un petit cabinet.)
Je vois
Si quelqu'un n'est point là qui pourroit nous entendre;
Car ce petit endroit est propre pour surprendre.
Or sus, nous voilà bien. J'ai, Mariane, en vous
Reconnu de tout temps un esprit assez doux,
Et de tout temps aussi vous m'avez été chère.

ACT II

SCENE I

ORGON, MARIANE

ORGON   Now, Mariane.

MARIANE   Yes, father?

ORGON   Come; I'll tell you
A secret.

MARIANE   Yes … What are you looking for?

ORGON   (looking into a small closet-room)
To see there's no one there to spy upon us;
That little closet's mighty fit to hide in.
There! We're all right now. Mariane, in you
I've always found a daughter dutiful
And gentle. So I've always love you dearly.

43

MARIANE   Je suis fort redevable à cet amour de père.

ORGON   C'est fort bien dit, ma fille; et pour le mériter
Vous devez n'avoir soin que de me contenter.

MARIANE   C'est où je mets aussi ma gloire la plus haute.

ORGON   Fort bien. Que dites-vous de Tartuffe notre hôte?

MARIANE   Qui, moi?

ORGON   Vous. Voyez bien comme vous répondrez.

MARIANE   Hélas ! j'en dirai, moi, tout ce que vous voudrez.

ORGON   C'est parler sagement. Dites-moi donc, ma fille,
Qu'en toute sa personne un haut mérite brille,
Qu'il touche votre coeur, et qu'il vous seroit doux
De le voir par mon choix devenir votre époux.
Eh?
(Mariane se recule avec surprise.)

MARIANE   Eh?

ORGON   Qu'est-ce?

MARIANE   Plaît-il?

ORGON   Quoi?

MARIANE   Me suis-je méprise?

MARIANE	I'm grateful for your fatherly affection.
ORGON	Well spoken, daughter. Now, prove you deserve it By doing as I wish in all respects.
MARIANE	To do so is the height of my ambition.
ORGON	Excellent well. What say you of—Tartuffe?
MARIANE	Who? I?
ORGON	Yes, you. Look to it how you answer.
MARIANE	Why! I'll say of him—anything you please.

SCENE II

ORGON, MARIANE, DORINE (coming in quietly and
standing behind Orgon, so that he does not see her)

ORGON	Well spoken. A good girl. Say then, my daughter, That all his person shines with noble merit, That he has won your heart, and you would like To have him, by my choice, become your husband. Eh?
MARIANE	Eh?
ORGON	What say you?
MARIANE	Please, what did you say?
ORGON	What?
MARIANE	Surely I mistook you, sir?

ORGON   Comment?

MARIANE   Qui voulez-vous, mon père, que je dise
Qui me touche le coeur, et qu'il me seroit doux
De voir par votre choix devenir mon époux?

ORGON   Tartuffe.

MARIANE   Il n'en est rien, mon père, je vous jure.
Pourquoi me faire dire une telle imposture?

ORGON   Mais je veux que cela soit une vérité,
Et c'est assez pour vous que je l'aie arrêté.

MARIANE   Quoi? vous voulez, mon père...?

ORGON   Oui, je prétends, ma fille,
Unir par votre hymen Tartuffe à ma famille.
Il sera votre époux, j'ai résolu cela;
Et comme sur vos voeux je....

Molière

ORGON   How now?

MARIANE   Who is it, father, you would have me say
            Has won my heart, and I would like to have
            Become my husband, by your choice?

ORGON   Tartuffe.

MARIANE   But, father, I protest it isn't true!
            Why should you make me tell this dreadful lie?

ORGON   Because I mean to have it be the truth.
            Let this suffice for you: I've settled it.

MARIANE   What, father, you would …?

ORGON   Yes, child, I'm resolved
            To graft Tartuffe into my family.
            So he must be your husband. That I've settled.
            And since your duty ..

SCÈNE II.

Dorine, Orgon, Mariane.

ORGON   Que faites-vous là?
               La curiosité qui vous presse est bien forte,
               Mamie, à nous venir écouter de la sorte.

DORINE   Vraiment, je ne sais pas si c'est un bruit qui part
               De quelque conjecture, ou d'un coup de hasard;
               Mais de ce mariage on m'a dit la nouvelle,
               Et j'ai traité cela de pure bagatelle.

ORGON   Quoi donc? la chose est-elle incroyable?

DORINE   A tel point,
               Que vous-même, Monsieur, je ne vous en crois point.

ORGON   Je sais bien le moyen de vous le faire croire.

DORINE   Oui, oui, vous nous contez une plaisante histoire.

ORGON   Je conte justement ce qu'on verra dans peu.

DORINE   Chansons !

ORGON   Ce que je dis, ma fille, n'est point jeu.

DORINE   Allez, ne croyez point à Monsieur votre père:
               Il raille.

ORGON   Je vous dis...

DORINE   Non, vous avez beau faire,
               On ne vous croira point.

ORGON   (Seeing Dorine)
           What are you doing there?
           Your curiosity is keen, my girl,
           To make you come eavesdropping on us so.

DORINE   Upon my word, I don't know how the rumour
           Got started—if 'twas guess-work or mere chance
           But I had heard already of this match,
           And treated it as utter stuff and nonsense.

ORGON   What! Is the thing incredible?

DORINE   So much so
           I don't believe it even from yourself, sir.

ORGON   I know a way to make you credit it.

DORINE   No, no, you're telling us a fairly tale!

ORGON   I'm telling you just what will happen shortly.

DORINE   Stuff!

ORGON   Daughter, what I say is in good earnest.

DORINE   There, there, don't take your father seriously;
           He's fooling.

ORGON   But I tell you …

DORINE   No. No use.
           They won't believe you.

ORGON   A la fin mon courroux...

DORINE   Hé bien ! on vous croit donc, et c'est tant pis pour vous.
Quoi? se peut-il, Monsieur, qu'avec l'air d'homme sage
Et cette large barbe au milieu du visage,
Vous soyez assez fou pour vouloir...?

ORGON   Écoutez:
Vous avez pris céans certaines privautés
Qui ne me plaisent point; je vous le dis, mamie.

DORINE   Parlons sans nous fâcher, Monsieur, je vous supplie.
Vous moquez-vous des gens d'avoir fait ce complot?
Votre fille n'est point l'affaire d'un bigot:
Il a d'autres emplois auxquels il faut qu'il pense.
Et puis, que vous apporte une telle alliance?
A quel sujet aller, avec tout votre bien,
Choisir une gendre gueux?...

ORGON   Taisez-vous. S'il n'a rien,
Sachez que c'est par là qu'il faut qu'on le révère.
Sa misère est sans doute une honnête misère;
Au-dessus des grandeurs elle doit l'élever,
Puisqu'enfin de son bien il s'est laissé priver
Par son trop peu de soin des choses temporelles,
Et sa puissante attache aux choses éternelles.
Mais mon secours pourra lui donner les moyens
De sortir d'embarras et rentrer dans ses biens:
Ce sont fiefs qu'à bon titre au pays on renomme;
Et tel que l'on le voit, il est bien gentilhomme.

ORGON   If I let my anger …

DORINE   Well, then, we do believe you; and the worse
           For you it is. What! Can a grown-up man
           With that expanse of beard across his face
           Be mad enough to want …?

ORGON   You hark me:
           You've taken on yourself here in this house
           A sort of free familiarity
           That I don't like, I tell you frankly, girl.

DORINE   There, there, let's not get angry, sir, I beg you.
           But are you making game of everybody?
           Your daughter's not cut out for bigot's meat;
           And he has more important things to think of.
           Besides, what can you gain by such a match?
           How can a man of wealth, like you, go choose
           A wretched vagabond for son-in-law?

ORGON   You hold your tongue. And know, the less he has,
           The better cause have we to honour him.
           His poverty is honest poverty;
           It should exalt him more than worldly grandeur,
           For he has let himself be robbed of all,
           Through careless disregard of temporal things
           And fixed attachment to the things eternal.
           My help may set him on his feet again,
           Win back his property—a fair estate
           He has at home, so I'm informed—and prove him
           For what he is, a true-born gentleman.

DORINE
Oui, c'est lui qui le dit; et cette vanité,
Monsieur, ne sied pas bien avec la piété.
Qui d'une sainte vie embrasse l'innocence
Ne doit point tant prôner son nom et sa naissance,
Et l'humble procédé de la dévotion
Souffre mal les éclats de cette ambition.
A quoi bon cet orgueil?... Mais ce discours vous blesse:
Parlons de sa personne, et laissons sa noblesse.
Ferez-vous possesseur, sans quelque peu d'ennui,
D'une fille comme elle un homme comme lui?
Et ne devez-vous pas songer aux bienséances,
Et de cette union prévoir les conséquences?
Sachez que d'une fille on risque la vertu,
Lorsque dans son hymen son goût est combattu,
Que le dessein d'y vivre en honnête personne
Dépend des qualités du mari qu'on lui donne,
Et que ceux dont partout on montre au doigt le front
Font leurs femmes souvent ce qu'on voit qu'elles sont.
Il est bien difficile enfin d'être fidèle
A de certains maris faits d'un certain modèle;
Et qui donne à sa fille un homme qu'elle hait
Est responsable au Ciel des fautes qu'elle fait.
Songez à quels périls votre dessein vous livre.

ORGON
Je vous dis qu'il me faut apprendre d'elle à vivre.

DORINE
Vous n'en feriez que mieux de suivre mes leçons.

ORGON
Ne nous amusons point, ma fille, à ces chansons:
Je sais ce qu'il vous faut, et je suis votre père.
J'avois donné pour vous ma parole à Valère;
Mais outre qu'à jouer on dit qu'il est enclin,
Je le soupçonne encor d'être un peu libertin:
Je ne remarque point qu'il hante les églises.

DORINE
Voulez-vous qu'il y coure à vos heures précises,
Comme ceux qui n'y vont que pour être aperçus?

DORINE   Yes, so he says himself. Such vanity
But ill accords with pious living, sir.
The man who cares for holiness alone
Should not so loudly boast his name and birth;
The humble ways of genuine devoutness
Brook not so much display of earthly pride.
Why should he be so vain? ... But I offend you:
Let's leave his rank, then,—take the man himself:
Can you without compunction give a man
Like him possession of a girl like her?
Think what a scandal's sure to come of it!
Virtue is at the mercy of the fates,
When a girl's married to a man she hates;
The best intent to live an honest woman
Depends upon the husband's being human,
And men whose brows are pointed at afar
May thank themselves their wives are what they are.
For to be true is more than woman can,
With husbands built upon a certain plan;
And he who weds his child against her will
Owes heaven account for it, if she do ill.
Think then what perils wait on your design.

ORGON   (to Mariane)
So! I must learn what's what from her, you see!

DORINE   You might do worse than follow my advice.

ORGON   Daughter, we can't waste time upon this nonsense;
I know what's good for you, and I'm your father.
True, I had promised you to young Valere;
But, first, they tell me he's inclined to gamble,
And then, I fear his faith is not quite sound.
I haven't noticed that he's regular
At church.

DORINE   You'd have him run there just when you do.
Like those who go on purpose to be seen?

Tartuffe

ORGON   Je ne demande pas votre avis là-dessus.
             Enfin avec le Ciel l'autre est le mieux du monde,
             Et c'est une richesse à nulle autre seconde.
             Cet hymen de tous biens comblera vos désirs,
             Il sera tout confit en douceurs et plaisirs.
             Ensemble vous vivrez, dans vos ardeurs fidèles,
             Comme deux vrais enfants, comme deux tourterelles;
             A nul fâcheux débat jamais vous n'en viendrez,
             Et vous ferez de lui tout ce que vous voudrez.

DORINE   Elle? elle n'en fera qu'un sot, je vous assure.

ORGON   Ouais ! quels discours !

DORINE   Je dis qu'il en a l'encolure,
             Et que son ascendant, Monsieur, l'emportera
             Sur toute la vertu que votre fille aura.

ORGON   Cessez de m'interrompre, et songez à vous taire,
             Sans mettre votre nez où vous n'avez que faire.

DORINE   Je n'en parle, Monsieur, que pour votre intérêt.
             (Elle l'interrompt toujours au moment qu'il se retourne pour
             parler à sa fille.)

ORGON   C'est prendre trop de soin: taisez-vous, s'il vous plaît.

DORINE   Si l'on ne vous aimoit....

ORGON   Je ne veux pas qu'on m'aime.

DORINE   Et je veux vous aimer, Monsieur, malgré vous-même.

ORGON   Ah !

DORINE   Votre honneur m'est cher, et je ne puis souffrir
             Qu'aux brocards d'un chacun vous alliez vous offrir.

ORGON   Vous ne vous tairez point?

ORGON	I don't ask your opinion on the matter. In short, the other is in Heaven's best graces, And that is riches quite beyond compare. This match will bring you every joy you long for; 'Twill be all steeped in sweetness and delight. You'll live together, in your faithful loves, Like two sweet children, like two turtle-doves; You'll never fail to quarrel, scold, or tease, And you may do with him whate'er you please.
DORINE	With him? Do naught but give him horns, I'll warrant.
ORGON	Out on thee, wench!
DORINE	I tell you he's cut out for't; However great your daughter's virtue, sir, His destiny is sure to prove the stronger.
ORGON	Have done with interrupting. Hold your tongue. Don't poke your nose in other people's business.
DORINE	(She keeps interrupting him, just as he turns and starts to speak to his daughter) If I make bold, sir, 'tis for your own good.
ORGON	You're too officious; pray you, hold your tongue.
DORINE	Tis love of you …
ORGON	I want none of your love.
DORINE	Then I will love you in your own despite.
ORGON	You will, eh?
DORINE	Yes, your honour's dear to me; I can't endure to see you made the butt Of all men's ridicule.
ORGON	Won't you be still?

DORINE   C'est une conscience
Que de vous laisser faire une telle alliance.

ORGON   Te tairas-tu, serpent, dont les traits effrontés...?

DORINE   Ah ! vous êtes dévot, et vous vous emportez?

ORGON   Oui, ma bile s'échauffe à toutes ces fadaises,
Et tout résolument je veux que tu te taises.

DORINE   Soit. Mais, ne disant mot, je n'en pense pas moins.

ORGON   Pense, si tu le veux, mais applique tes soins
A ne m'en point parler, ou...: suffit.
(Se retournant vers sa fille.)
Comme sage,
J'ai pesé mûrement toutes choses.

DORINE   J'enrage
De ne pouvoir parler.
(Elle se tait lorsqu'il tourne la tête.)

ORGON   Sans être damoiseau,
Tartuffe est fait de sorte...

DORINE   Oui, c'est un beau museau.

ORGON   Que quand tu n'aurois même aucune sympathie
Pour tous les autres dons...
(Il se tourne devant elle, et la regarde les bras croisés.)

DORINE   La voilà bien lotie !
Si j'étois en sa place, un homme assurément
Ne m'épouseroit pas de force impunément;
Et je lui ferois voir bientôt après la fête
Qu'une femme a toujours une vengeance prête.

Molière

DORINE   Twould be a sin to let you make this match.

ORGON   Won't you be still, I say, you impudent viper!

DORINE   What! you are pious, and you lose your temper?

ORGON   I'm all wrought up, with your confounded nonsense;
Now, once for all, I tell you hold your tongue.

DORINE   Then mum's the word; I'll take it out in thinking.

ORGON   Think all you please; but not a syllable
To me about it, or … you understand!
(Turning to his daughter.)
As a wise father, I've considered all
With due deliberation.

DORINE   I'll go mad
If I can't speak.
(She stops the instant he turns his head.)

ORGON   Though he's no lady's man,
Tartuffe is well enough …

DORINE   A pretty phiz!

ORGON   So that, although you may not care at all
For his best qualities …

DORINE   A handsome dowry!
(Orgon turns and stands in front of her, with arms folded, eyeing her.)
Were I in her place, any man should rue it
Who married me by force, that's mighty certain;
I'd let him know, and that within a week,
A woman's vengeance isn't far to seek.

57

ORGON   Donc de ce que je dis on ne fera nul cas?

DORINE   De quoi vous plaignez-vous? Je ne vous parle pas.

ORGON   Qu'est-ce que tu fais donc?

DORINE   Je me parle à moi-même.

ORGON   Fort bien. Pour châtier son insolence extrême,
             Il faut que je lui donne un revers de ma main.
             (Il se met en posture de lui donner un soufflet; et Dorine, à
             chaque coup d'oeil qu'il jette, se tient droite sans parler.)

ORGON   Ma fille, vous devez approuver mon dessein...
             Croire que le mari... que j'ai su vous élire...
             Que ne te parles-tu?

ORGON   (to Dorine)
So—nothing that I say has any weight?

DORINE   Eh? What's wrong now? I didn't speak to you.

ORGON   What were you doing?

DORINE   Talking to myself.

ORGON   Oh! Very well. (Aside.) Her monstrous impudence
Must be chastised with one good slap in the face.
(He stands ready to strike her, and, each time he speaks to his
daughter, he glances toward her; but she stands still and says
not a word.)[1]

ORGON   Daughter, you must approve of my design....
Think of this husband ... I have chosen for you...
(To Dorine)
Why don't you talk to yourself?

---

[1] As given at the Comedie francaise, the action is as follows: While
Orgon says, "You must approve of my design," Dorine is making
signs to Mariane to resist his orders; Orgon turns around suddenly;
but Dorine quickly changes her gesture and with the hand which she
had lifted calmly arranges her hair and her cap. Orgon goes on,
"Think of the husband ..." and stops before the middle of his
sentence to turn and catch the beginning of Dorine's gesture; but he is
too quick this time, and Dorine stands looking at his furious
countenance with a sweet and gentle expression. He turns and goes
on, and the obstinate Dorine again lifts her hand behind his shoulder
to urge Mariane to resistance: this time he catches her; but just as he
swings his shoulder to give her the promised blow, she stops him by
changing the intent of her gesture, and carefully picking from the top
of his sleeve a bit of fluff which she holds carefully between her
fingers, then blows into the air, and watches intently as it floats
away. Orgon is paralysed by her innocence of expression, and
compelled to hide his rage.—Regnier,Le Tartuffe des Comediens.

DORINE   Je n'ai rien à me dire.

ORGON   Encore un petit mot.

DORINE   Il ne me plaît pas, moi.

ORGON   Certes, je t'y guettois.

DORINE   Quelque sotte, ma foi !

ORGON   Enfin, ma fille, il faut payer d'obéissance,
              Et montrer pour mon choix entière déférence.

DORINE   Je me moquerois fort de prendre un tel époux.
              (Il lui veut donner un soufflet et la manque.)

ORGON   Vous avez là, ma fille, une peste avec vous,
              Avec qui sans péché je ne saurois plus vivre.
              Je me sens hors d'état maintenant de poursuivre:
              Ses discours insolents m'ont mis l'esprit en feu,
              Et je vais prendre l'air pour me rasseoir un peu.

DORINE   Nothing to say.

ORGON   One little word more.

DORINE   Oh, no, thanks. Not now.

ORGON   Sure, I'd have caught you.

DORINE   Faith, I'm no such fool.

ORGON   So, daughter, now obedience is the word;
            You must accept my choice with reverence.

DORINE   (running away)
            You'd never catch me marrying such a creature.

ORGON   (swinging his hand at her and missing her)
            Daughter, you've such a pestilent hussy there
            I can't live with her longer, without sin.
            I can't discuss things in the state I'm in.
            My mind's so flustered by her insolent talk,
            To calm myself, I must go take a walk.

SCÈNE III.

Dorine, Mariane.

DORINE   Avez-vous donc perdu, dites-moi, la parole,
           Et faut-il qu'en ceci je fasse votre rôle?
           Souffrir qu'on vous propose un projet insensé,
           Sans que du moindre mot vous l'ayez repoussé !

MARIANE   Contre un père absolu que veux-tu que je fasse?

DORINE   Ce qu'il faut pour parer une telle menace.

MARIANE   Quoi?

DORINE   Lui dire qu'un coeur n'aime point par autrui,
           Que vous vous mariez pour vous, non pas pour lui,
           Qu'étant celle pour qui se fait toute l'affaire,
           C'est à vous, non à lui, que le mari doit plaire,
           Et que si son Tartuffe est pour lui si charmant,
           Il le peut épouser sans nul empêchement.

MARIANE   Un père, je l'avoue, a sur nous tant d'empire,
           Que je n'ai jamais eu la force de rien dire.

DORINE   Mais raisonnons. Valère a fait pour vous des pas:
           L'aimez-vous, je vous prie, ou ne l'aimez-vous pas?

MARIANE   Ah ! qu'envers mon amour ton injustice est grande,
           Dorine ! me dois-tu faire cette demande?
           T'ai-je pas là-dessus ouvert cent fois mon coeur,
           Et sais-tu pas pour lui jusqu'où va mon ardeur?

DORINE   Que sais-je si le coeur a parlé par la bouche,
           Et si c'est tout de bon que cet amant vous touche?

SCENE III

MARIANE, DORINE

DORINE   Say, have you lost the tongue from out your head?
And must I speak your role from A to Zed?
You let them broach a project that's absurd,
And don't oppose it with a single word!

MARIANE   What can I do? My father is the master.

DORINE   Do? Everything, to ward off such disaster.

MARIANE   But what?

DORINE   Tell him one doesn't love by proxy;
Tell him you'll marry for yourself, not him;
Since you're the one for whom the thing is done,
You are the one, not he, the man must please;
If his Tartuffe has charmed him so, why let him
Just marry him himself—no one will hinder.

MARIANE   A father's rights are such, it seems to me,
That I could never dare to say a word.

DORINE   Came, talk it out. Valere has asked your hand:
Now do you love him, pray, or do you not?

MARIANE   Dorine! How can you wrong my love so much,
And ask me such a question? Have I not
A hundred times laid bare my heart to you?
Do you know how ardently I love him?

DORINE   How do I know if heart and words agree,
And if in honest truth you really love him?

MARIANE   Tu me fais un grand tort, Dorine, d'en douter,
               Et mes vrais sentiments ont su trop éclater.

DORINE   Enfin, vous l'aimez donc?

MARIANE   Oui, d'une ardeur extrême.

DORINE   Et selon l'apparence il vous aime de même?

MARIANE   Je le crois.

DORINE   Et tous deux brûlez également
               De vous voir mariés ensemble?

MARIANE   Assurément.

DORINE   Sur cette autre union quelle est donc votre attente?

MARIANE   De me donner la mort si l'on me violente.

DORINE   Fort bien: c'est un recours où je ne songeois pas;
               Vous n'avez qu'à mourir pour sortir d'embarras;
               Le remède sans doute est merveilleux. J'enrage
               Lorsque j'entends tenir ces sortes de langage.

MARIANE   Mon Dieu ! de quelle humeur, Dorine, tu te rends !
               Tu ne compatis point aux déplaisirs des gens.

DORINE   Je ne compatis point à qui dit des sornettes
               Et dans l'occasion mollit comme vous faites.

MARIANE   Mais que veux-tu? si j'ai de la timidité.

DORINE   Mais l'amour dans un coeur veut de la fermeté.

MARIANE   Mais n'en gardé-je pas pour les feux de Valère?
               Et n'est-ce pas à lui de m'obtenir d'un père?

| MARIANE | Dorine, you wrong me greatly if you doubt it; |
| | I've shown my inmost feelings, all too plainly. |

| DORINE | So then, you love him? |

| MARIANE | Yes, devotedly. |

| DORINE | And he returns your love, apparently? |

| MARIANE | I think so. |

| DORINE | And you both alike are eager |
| | To be well married to each other? |

| MARIANE | Surely. |

| DORINE | Then what's your plan about this other match? |

| MARIANE | To kill myself, if it is forced upon me. |

DORINE	Good! That's a remedy I hadn't thought of.
	Just die, and everything will be all right.
	This medicine is marvellous, indeed!
	It drives me mad to hear folk talk such nonsense.

| MARIANE | Oh dear, Dorine you get in such a temper! |
| | You have no sympathy for people's troubles. |

| DORINE | I have no sympathy when folk talk nonsense, |
| | And flatten out as you do, at a pinch. |

| MARIANE | But what can you expect?—if one is timid?— |

| DORINE | But what is love worth, if it has no courage? |

| MARIANE | Am I not constant in my love for him? |
| | Is't not his place to win me from my father? |

Mais quoi? si votre père est un bourru fieffé,
Qui s'est de son Tartuffe entièrement coiffé
Et manque à l'union qu'il avoit arrêtée,
La faute à votre amant doit-elle être imputée?

MARIANE   Mais par un haut refus et d'éclatants mépris
Ferai-je dans mon choix voir un coeur trop épris?
Sortirai-je pour lui, quelque éclat dont il brille,
De la pudeur du sexe et du devoir de fille?
Et veux-tu que mes feux par le monde étalés...?

DORINE   Non, non, je ne veux rien. Je vois que vous voulez
Être à Monsieur Tartuffe, et j'aurois, quand j'y pense,
Tort de vous détourner d'une telle alliance.
Quelle raison aurois-je à combattre vos voeux?
Le parti de soi-même est fort avantageux.
Monsieur Tartuffe ! oh ! oh ! n'est-ce rien qu'on propose?
Certes Monsieur Tartuffe, à bien prendre la chose,
N'est pas un homme, non, qui se mouche du pié,
Et ce n'est pas peu d'heur que d'être sa moitié.
Tout le monde déjà de gloire le couronne;
Il est noble chez lui, bien fait de sa personne;
Il a l'oreille rouge et le teint bien fleuri:
Vous vivrez trop contente avec un tel mari.

MARIANE   Mon Dieu !...

DORINE   Quelle allégresse aurez-vous dans votre âme,
Quand d'un époux si beau vous vous verrez la femme !

MARIANE   Ha ! cesse, je te prie, un semblable discours,
Et contre cet hymen ouvre-moi du secours.
C'en est fait, je me rends, et suis prête à tout faire.

DORINE	But if your father is a crazy fool, And quite bewitched with his Tartuffe? And breaks His bounden word? Is that your lover's fault?
MARIANE	But shall I publicly refuse and scorn This match, and make it plain that I'm in love? Shall I cast off for him, whate'er he be, Womanly modesty and filial duty? You ask me to display my love in public …?
DORINE	No, no, I ask you nothing. You shall be Mister Tartuffe's; why, now I think of it, I should be wrong to turn you from this marriage. What cause can I have to oppose your wishes? So fine a match! An excellent good match! Mister Tartuffe! Oh ho! No mean proposal! Mister Tartuffe, sure, take it all in all, Is not a man to sneeze at—oh, by no means! 'Tis no small luck to be his happy spouse. The whole world joins to sing his praise already; He's noble—in his parish; handsome too; Red ears and high complexion—oh, my lud! You'll be too happy, sure, with him for husband.
MARIANE	Oh dear! …
DORINE	What joy and pride will fill your heart To be the bride of such a handsome fellow!
MARIANE	Oh, stop, I beg you; try to find some way To help break off the match. I quite give in, I'm ready to do anything you say.

DORINE   Non, il faut qu'une fille obéisse à son père,
                     Voulût-il lui donner un singe pour époux.
                     Votre sort est fort beau: de quoi vous plaignez-vous?
                     Vous irez par le coche en sa petite ville,
                     Qu'en oncles et cousins vous trouverez fertile,
                     Et vous vous plairez fort à les entretenir.
                     D'abord chez le beau monde on vous fera venir;
                     Vous irez visiter, pour votre bienvenue,
                     Madame la baillive et Madame l'élue,
                     Qui d'un siège pliant vous feront honorer.
                     Là, dans le carnaval, vous pourrez espérer
                     Le bal et la grand'bande, à savoir, deux musettes,
                     Et parfois Fagotin et les marionnettes,
                     Si pourtant votre époux...

MARIANE   Ah ! tu me fais mourir.
                     De tes conseils plutôt songe à me secourir.

DORINE   Je suis votre servante.

MARIANE   Eh ! Dorine, de grâce...

DORINE   Il faut, pour vous punir, que cette affaire passe.

MARIANE   Ma pauvre fille !

DORINE   Non.

MARIANE   Si mes voeux déclarés...

DORINE   Point: Tartuffe est votre homme, et vous en tâterez.

MARIANE   Tu sais qu'à toi toujours je me suis confiée:
                     Fais-moi...

DORINE   Non, vous serez, ma foi ! tartuffiée.

DORINE   No, no, a daughter must obey her father,
Though he should want to make her wed a monkey.
Besides, your fate is fine. What could be better!
You'll take the stage-coach to his little village,
And find it full of uncles and of cousins,
Whose conversation will delight you. Then
You'll be presented in their best society.
You'll even go to call, by way of welcome,
On Mrs. Bailiff, Mrs. Tax-Collector,
Who'll patronise you with a folding-stool.
There, once a year, at carnival, you'll have
Perhaps—a ball; with orchestra—two bag-pipes;
And sometimes a trained ape, and Punch and Judy;
Though if your husband …

MARIANE   Oh, you'll kill me. Please
Contrive to help me out with your advice.

DORINE   I thank you kindly.

MARIANE   Oh! Dorine, I beg you …

DORINE   To serve you right, this marriage must go through.

MARIANE   Dear girl!

DORINE   No.

MARIANE   If I say I love Valere …

DORINE   No, no. Tartuffe's your man, and you shall taste him.

MARIANE   You know I've always trusted you; now help me …

DORINE   No, you shall be, my faith! Tartuffified.

MARIANE   Hé bien ! puisque mon sort ne sauroit t'émouvoir,
Laisse-moi désormais toute à mon désespoir:
C'est de lui que mon coeur empruntera de l'aide,
Et je sais de mes maux l'infaillible remède.
(Elle veut s'en aller.)

DORINE   Hé ! là, là, revenez. Je quitte mon courroux.
Il faut, nonobstant tout, avoir pitié de vous.

MARIANE   Vois-tu, si l'on m'expose à ce cruel martyre,
Je te le dis, Dorine, il faudra que j'expire.

DORINE   Ne vous tourmentez point. On peut adroitement
Empêcher... Mais voici Valère, votre amant.

MARIANE   Well, then, since you've no pity for my fate
                     Let me take counsel only of despair;
                     It will advise and help and give me courage;
                     There's one sure cure, I know, for all my troubles.
                     (She starts to go.)

DORINE   There, there! Come back. I can't be angry long.
                     I must take pity on you, after all.

MARIANE   Oh, don't you see, Dorine, if I must bear
                     This martyrdom, I certainly shall die.

DORINE   Now don't you fret. We'll surely find some way.
                     To hinder this … But here's Valere, your lover.

SCÈNE IV.

Valère, Mariane, Dorine.

VALERE   On vient de débiter, Madame, une nouvelle
           Que je ne savois pas, et qui sans doute est belle.

MARIANE   Quoi?

VALERE   Que vous épousez Tartuffe.

MARIANE   Il est certain
           Que mon père s'est mis en tête ce dessein.

VALERE   Votre père, Madame...

MARIANE   A changé de visée:
           La chose vient par lui de m'être proposée.

VALERE   Quoi? sérieusement?

MARIANE   Oui, sérieusement.
           Il s'est pour cet hymen déclaré hautement.

VALERE   Et quel est le dessein où votre âme s'arrête,
           Madame?

MARIANE   Je ne sais.

VALERE   La réponse est honnête.
           Vous ne savez?

MARIANE   Non.

VALERE   Non?

SCENE IV

VALERE, MARIANE, DORINE

VALERE   Madam, a piece of news—quite new to me—
Has just come out, and very fine it is.

MARIANE   What piece of news?

VALERE   Your marriage with Tartuffe.

MARIANE   Tis true my father has this plan in mind.

VALERE   Your father, madam …

MARIANE   Yes, he's changed his plans,
And did but now propose it to me.

VALERE   What!
Seriously?

MARIANE   Yes, he was serious,
And openly insisted on the match.

VALERE   And what's your resolution in the matter,
Madam?

MARIANE   I don't know.

VALERE   That's a pretty answer.
You don't know?

MARIANE   No.

VALERE   No?

MARIANE   Que me conseillez-vous?

VALERE   Je vous conseille, moi, de prendre cet époux.

MARIANE   Vous me le conseillez?

VALERE   Oui.

MARIANE   Tout de bon?

VALERE   Sans doute.
              Le choix est glorieux, et vaut bien qu'on l'écoute.

MARIANE   Hé bien ! c'est un conseil, Monsieur, que je reçois.

VALERE   Vous n'aurez pas grand'peine à le suivre, je crois.

MARIANE   Pas plus qu'à le donner en a souffert votre âme.

VALERE   Moi, je vous l'ai donné pour vous plaire, Madame.

MARIANE   Et moi, je le suivrai pour vous faire plaisir.

DORINE   Voyons ce qui pourra de ceci réussir.

VALERE   C'est donc ainsi qu'on aime? Et c'étoit tromperie
              Quand vous...

MARIANE   Ne parlons point de cela, je vous prie.
              Vous m'avez dit tout franc que je dois accepter
              Celui que pour époux on me veut présenter:
              Et je déclare, moi, que je prétends le faire,
              Puisque vous m'en donnez le conseil salutaire.

VALERE   Ne vous excusez point sur mes intentions.
              Vous aviez pris déjà vos résolutions;
              Et vous vous saisissez d'un prétexte frivole
              Pour vous autoriser à manquer de parole.

MARIANE	What do you advise?

VALERE	I? My advice is, marry him, by all means.

MARIANE	That's your advice?

VALERE	Yes.

MARIANE	Do you mean it?

VALERE	Surely. A splendid choice, and worthy of your acceptance.

MARIANE	Oh, very well, sir! I shall take your counsel.

VALERE	You'll find no trouble taking it, I warrant.

MARIANE	No more than you did giving it, be sure.

VALERE	I gave it, truly, to oblige you, madam.

MARIANE	And I shall take it to oblige you, sir.

DORINE	(withdrawing to the back of the stage) Let's see what this affair will come to.

VALERE	So, That is your love? And it was all deceit When you …

MARIANE	I beg you, say no more of that. You told me, squarely, sir, I should accept The husband that is offered me; and I Will tell you squarely that I mean to do so, Since you have given me this good advice.

VALERE	Don't shield yourself with talk of my advice. You had your mind made up, that's evident; And now you're snatching at a trifling pretext To justify the breaking of your word.

MARIANE   Il est vrai, c'est bien dit.

VALERE   Sans doute, et votre coeur
N'a jamais eu pour moi de véritable ardeur.

MARIANE   Hélas ! permis à vous d'avoir cette pensée.

VALERE   Oui, oui, permis à moi; mais mon âme offensée
Vous préviendra peut-être en un pareil dessein;
Et je sais où porter et mes voeux et ma main.

MARIANE   Ah ! je n'en doute point; et les ardeurs qu'excite
Le mérite...

VALERE   Mon Dieu, laissons là le mérite:
J'en ai fort peu sans doute, et vous en faites foi.
Mais j'espère aux bontés qu'une autre aura pour moi,
Et j'en sais de qui l'âme, à ma retraite ouverte,
Consentira sans honte à réparer ma perte.

MARIANE   La perte n'est pas grande; et de ce changement
Vous vous consolerez assez facilement.

VALERE   J'y ferai mon possible, et vous le pouvez croire.
Un coeur qui nous oublie engage notre gloire;
Il faut à l'oublier mettre aussi tous nos soins:
Si l'on n'en vient à bout, on le doit feindre au moins;
Et cette lâcheté jamais ne se pardonne,
De montrer de l'amour pour qui nous abandonne.

MARIANE   Ce sentiment, sans doute, est noble et relevé.

VALERE   Fort bien; et d'un chacun il doit être approuvé.
Hé quoi? vous voudriez qu'à jamais dans mon âme
Je gardasse pour vous les ardeurs de ma flamme,
Et vous visse, à mes yeux, passer en d'autres bras,
Sans mettre ailleurs un coeur dont vous ne voulez pas?

MARIANE	Exactly so.
VALERE	Of course it is; your heart Has never known true love for me.
MARIANE	Alas! You're free to think so, if you please.
VALERE	Yes, yes, I'm free to think so; and my outraged love May yet forestall you in your perfidy, And offer elsewhere both my heart and hand.
MARIANE	No doubt of it; the love your high deserts May win …
VALERE	Good Lord, have done with my deserts! I know I have but few, and you have proved it. But I may find more kindness in another; I know of someone, who'll not be ashamed To take your leavings, and make up my loss.
MARIANE	The loss is not so great; you'll easily Console yourself completely for this change.
VALERE	I'll try my best, that you may well believe. When we're forgotten by a woman's heart, Our pride is challenged; we, too, must forget; Or if we cannot, must at least pretend to. No other way can man such baseness prove, As be a lover scorned, and still in love.
MARIANE	In faith, a high and noble sentiment.
VALERE	Yes; and it's one that all men must approve. What! Would you have me keep my love alive, And see you fly into another's arms Before my very eyes; and never offer To someone else the heart that you had scorned?

MARIANE   Au contraire: pour moi, c'est ce que je souhaite;
Et je voudrois déjà que la chose fût faite.

VALERE   Vous le voudriez?

MARIANE   Oui.

VALERE   C'est assez m'insulter,
Madame, et de ce pas je vais vous contenter.
(Il fait un pas pour s'en aller et revient toujours.)

MARIANE   Fort bien.

VALERE   Souvenez-vous au moins que c'est vous-même
Qui contraignez mon coeur à cet effort extrême.

MARIANE   Oui.

VALERE   Et que le dessein que mon âme conçoit
N'est rien qu'à votre exemple.

MARIANE   A mon exemple, soit.

VALERE   Suffit: vous allez être à point nommé servie.

MARIANE   Tant mieux.

VALERE   Vous me voyez, c'est pour toute ma vie.

MARIANE   A la bonne heure.

VALERE   Euh?
(Il s'en va; et lorsqu'il est vers la porte, il se retourne.)

MARIANE   Quoi?

MARIANE   Oh, no, indeed! For my part, I could wish
That it were done already.

VALERE   What! You wish it?

MARIANE   Yes.

VALERE   This is insult heaped on injury;
I'll go at once and do as you desire.
(He takes a step or two as if to go away.)

MARIANE   Oh, very well then.

VALERE   (turning back)
But remember this.
'Twas you that drove me to this desperate pass.

MARIANE   Of course.

VALERE   (turning back again)
And in the plan that I have formed
I only follow your example.

MARIANE   Yes.

VALERE   (at the door)
Enough; you shall be punctually obeyed.

MARIANE   So much the better.

VALERE   (coming back again)
This is once for all.

MARIANE   So be it, then.

VALERE   (He goes toward the door, but just as he reaches it, turns
around)
Eh?

MARIANE   What?

VALERE   Ne m'appelez-vous pas?

MARIANE   Moi? Vous rêvez.

VALERE   Hé bien ! je poursuis donc mes pas.
Adieu, Madame.

MARIANE   Adieu, Monsieur.

DORINE   Pour moi, je pense
Que vous perdez l'esprit par cette extravagance;
Et je vous ai laissé tout du long quereller,
Pour voir où tout cela pourroit enfin aller.
Holà ! seigneur Valère.
(Elle va l'arrêter par le bras, et lui, fait mine de grande résistance.)

VALERE   Hé ! que veux-tu, Dorine?

DORINE   Venez ici.

VALERE   Non, non, le dépit me domine.
Ne me détourne point de ce qu'elle a voulu.

DORINE   Arrêtez.

VALERE   Non, vois-tu? c'est un point résolu.

DORINE   Ah !

MARIANE   Il souffre à me voir, ma présence le chasse,
Et je ferai bien mieux de lui quitter la place.

DORINE   (Elle quitte Valère et court à Mariane.)
A l'autre. Où courez-vous?

MARIANE   Laisse.

DORINE.   Il faut revenir.

VALERE	You didn't call me?
MARIANE	I? You are dreaming.
VALERE	Very well, I'm gone. Madam, farewell. (He walks slowly away.)
MARIANE	Farewell, sir.
DORINE	I must say You've lost your senses and both gone clean daft! I've let you fight it out to the end o' the chapter To see how far the thing could go. Oho, there, Mister Valere! (She goes and seizes him by the arm, to stop him. He makes a great show of resistance.)
VALERE	What do you want, Dorine?
DORINE	Come here.
VALERE	No, no, I'm quite beside myself. Don't hinder me from doing as she wishes.
DORINE	Stop!
VALERE	No. You see, I'm fixed, resolved, determined.
DORINE	So!
MARIANE	(aside) Since my presence pains him, makes him go, I'd better go myself, and leave him free.
DORINE	(leaving Valere, and running after Mariane) Now t'other! Where are you going?
MARIANE	Let me be.
DORINE.	Come back.

MARIANE Non, non, Dorine; en vain tu veux me retenir.

VALERE Je vois bien que ma vue est pour elle un supplice,
Et sans doute il vaut mieux que je l'en affranchisse.

DORINE (Elle quitte Mariane et court à Valère.)
Encor ! Diantre soit fait de vous si je le veux !
Cessez ce badinage, et venez çà tous deux.
(Elle les tire l'un et l'autre.)

VALERE Mais quel est ton dessein?

MARIANE Qu'est-ce que tu veux faire?

DORINE Vous bien remettre ensemble, et vous tirer d'affaire.
Êtes-vous fou d'avoir un pareil démêlé?

VALERE N'as-tu pas entendu comme elle m'a parlé?

DORINE Êtes-vous folle, vous, de vous être emportée?

MARIANE N'as-tu pas vu la chose, et comme il m'a traitée?

DORINE Sottise des deux parts. Elle n'a d'autre soin
Que de se conserver à vous, j'en suis témoin.
Il n'aime que vous seule, et n'a point d'autre envie
Que d'être votre époux; j'en réponds sur ma vie.

MARIANE Pourquoi donc me donner un semblable conseil?

MARIANE   No, no, it isn't any use.

VALERE   (aside)
           Tis clear the sight of me is torture to her;
           No doubt, t'were better I should free her from it.

DORINE   (leaving Mariane and running after Valere)
           Same thing again! Deuce take you both, I say.
           Now stop your fooling; come here, you; and you.
           (She pulls first one, then the other, toward the middle of the
           stage.)

VALERE   (to Dorine)
           What's your idea?

MARIANE   (to Dorine)
           What can you mean to do?

DORINE   Set you to rights, and pull you out o' the scrape.
           (To Valere)
           Are you quite mad, to quarrel with her now?

VALERE   Didn't you hear the things she said to me?

DORINE   (to Mariane)
           Are you quite mad, to get in such a passion?

MARIANE   Didn't you see the way he treated me?

DORINE   Fools, both of you.
           (To Valere)
           She thinks of nothing else
           But to keep faith with you, I vouch for it.
           (To Mariane)
           And he loves none but you, and longs for nothing
           But just to marry you, I stake my life on't.

MARIANE   (to Valere)
           Why did you give me such advice then, pray?

VALERE   Pourquoi m'en demander sur un sujet pareil?

DORINE   Vous êtes fous tous deux. Çà, la main l'un et l'autre.
Allons, vous.

VALERE   A quoi bon ma main?

DORINE   Ah ! Çà la vôtre.

MARIANE   De quoi sert tout cela?

DORINE   Mon Dieu ! vite, avancez.
Vous vous aimez tous deux plus que vous ne pensez.

VALERE   Mais ne faites donc point les choses avec gêne,
Et regardez un peu les gens sans nulle haine.
(Mariane tourne l'oeil vers Valère et fait un petit souris.)

DORINE   A vous dire le vrai, les amants sont bien fous !

VALERE   Ho çà n'ai-je pas lieu de me plaindre de vous?
Et pour n'en point mentir, n'êtes-vous pas méchante
De vous plaire à me dire une chose affligeante?

MARIANE   Mais vous, n'êtes-vous pas l'homme le plus ingrat...?

DORINE   Pour une autre saison laissons tout ce débat,
Et songeons à parer ce fâcheux mariage.

MARIANE   Dis-nous donc quels ressorts il faut mettre en usage.

VALERE   (to Mariane)
Why ask for my advice on such a matter?

DORINE   You both are daft, I tell you. Here, your hands.
(To Valere)
Come, yours.

VALERE   (giving Dorine his hand)
What for?

DORINE   (to Mariane)
Now, yours.

MARIANE   (giving Dorine her hand)
But what's the use?

DORINE   Oh, quick now, come along. There, both of you—
You love each other better than you think.
(Valere and Mariane hold each other's hands some time
without looking at each other.)

VALERE   (at last turning toward Mariane)
Come, don't be so ungracious now about it;
Look at a man as if you didn't hate him.
(Mariane looks sideways toward Valere, with just a bit of a
smile.)

DORINE   My faith and troth, what fools these lovers be!

VALERE   (to Mariane)
But come now, have I not a just complaint?
And truly, are you not a wicked creature
To take delight in saying what would pain me?

MARIANE   And are you not yourself the most ungrateful …?

DORINE   Leave this discussion till another time;
Now, think how you'll stave off this plaguy marriage.

MARIANE   Then tell us how to go about it.

DORINE   Nous en ferons agir de toutes les façons.
Votre père se moque, et ce sont des chansons;
Mais pour vous, il vaut mieux qu'à son extravagance
D'un doux consentement vous prêtiez l'apparence,
Afin qu'en cas d'alarme il vous soit plus aisé
De tirer en longueur cet hymen proposé.
En attrapant du temps, à tout on remédie.
Tantôt vous payerez de quelque maladie,
Qui viendra tout à coup et voudra des délais;
Tantôt vous payerez de présages mauvais:
Vous aurez fait d'un mort la rencontre fâcheuse,
Cassé quelque miroir, ou songé d'eau bourbeuse.
Enfin le bon de tout, c'est qu'à d'autres qu'à lui
On ne vous peut lier, que vous ne disiez «oui.»
Mais pour mieux réussir, il est bon, ce me semble,
Qu'on ne vous trouve point tous deux parlant ensemble.
(A Valère.)
Sortez, et sans tarder employez vos amis,
Pour vous faire tenir ce qu'on vous a promis.
Nous allons réveiller les efforts de son frère,
Et dans votre parti jeter la belle-mère.
Adieu.

VALERE   Quelques efforts que nous préparions tous,
Ma plus grande espérance, à vrai dire, est en vous.

MARIANE   Je ne vous répons pas des volontés d'un père;
Mais je ne serai point à d'autre qu'à Valère.

VALERE   Que vous me comblez d'aise ! Et quoi que puisse oser...

DORINE   Ah ! jamais les amants ne sont las de jaser.
Sortez, vous dis-je.

DORINE   Well,
We'll try all sorts of ways.
(To Mariane)
Your father's daft;
(To Valere)
This plan is nonsense.
(To Mariane)
You had better humour
His notions by a semblance of consent,
So that in case of danger, you can still
Find means to block the marriage by delay.
If you gain time, the rest is easy, trust me.
One day you'll fool them with a sudden illness,
Causing delay; another day, ill omens:
You've met a funeral, or broke a mirror,
Or dreamed of muddy water. Best of all,
They cannot marry you to anyone
Without your saying yes. But now, methinks,
They mustn't find you chattering together.
(To Valere)
You, go at once and set your friends at work
To make him keep his word to you; while we
Will bring the brother's influence to bear,
And get the step-mother on our side, too.
Good-bye.

VALERE   (to Mariane)
Whatever efforts we may make,
My greatest hope, be sure, must rest on you.

MARIANE   (to Valere)
I cannot answer for my father's whims;
But no one save Valere shall ever have me.

VALERE   You thrill me through with joy! Whatever comes ...

DORINE   Oho! These lovers! Never done with prattling!
Now go.

VALERE   (Il fait un pas et revient.)
                Enfin...

DORINE   Quel caquet est le vôtre !
                Tirez de cette part; et vous, tirez de l'autre.
                (Les poussant chacun par l'épaule.)

VALERE   (starting to go, and coming back again)
            One last word …

DORINE   What a gabble and pother!
            Be off! By this door, you. And you, by t'other.
            (She pushes them off, by the shoulders, in opposite directions.)

ACTE III.

SCÈNE PREMIÈRE.

Damis, Dorine.

DAMIS   Que la foudre sur l'heure achève mes destins,
          Qu'on me traite partout du plus grand des faquins,
          S'il est aucun respect ni pouvoir qui m'arrête,
          Et si je ne fais pas quelque coup de ma tête !

DORINE   De grâce, modérez un tel emportement;
          Votre père n'a fait qu'en parler simplement.
          On n'exécute pas tout ce qui se propose,
          Et le chemin est long du projet à la chose.

DAMIS   Il faut que de ce fat j'arrête les complots,
          Et qu'à l'oreille un peu je lui dise deux mots.

ACT III

SCENE I

DAMIS, DORINE

DAMIS   May lightning strike me dead this very instant,
                        May I be everywhere proclaimed a scoundrel,
                        If any reverence or power shall stop me,
                        And if I don't do straightway something desperate!

DORINE   I beg you, moderate this towering passion;
                        Your father did but merely mention it.
                        Not all things that are talked of turn to facts;
                        The road is long, sometimes, from plans to acts.

DAMIS   No, I must end this paltry fellow's plots,
                        And he shall hear from me a truth or two.

DORINE
Ha ! tout doux ! Envers lui, comme envers votre père,
Laissez agit les soins de votre belle-mère.
Sur l'esprit de Tartuffe elle a quelque crédit;
Il se rend complaisant à tout ce qu'elle dit,
Et pourroit bien avoir douceur de coeur pour elle.
Plût à Dieu qu'il fût vrai ! la chose seroit belle.
Enfin votre intérêt l'oblige à le mander:
Sur l'hymen qui vous touche elle veut le sonder,
Savoir ses sentiments, et lui faire connaître
Quels fâcheux démêlés il pourra faire naître,
S'il faut qu'à ce dessein il prête quelque espoir.
Son valet dit qu'il prie, et je n'ai pu le voir;
Mais ce valet m'a dit qu'il s'en alloit descendre.
Sortez donc, je vous prie, et me laissez l'attendre.

DAMIS
Je puis être présent à tout cet entretien.

DORINE
Point. Il faut qu'ils soient seuls.

DAMIS
Je ne lui dirai rien.

DORINE
Vous vous moquez: on sait vos transports ordinaires,
Et c'est le vrai moyen de gâter les affaires.
Sortez.

DAMIS
Non: je veux voir sans me mettre en courroux.

DORINE
Que vous êtes fâcheux ! Il vient. Retirez-vous.

DORINE   So ho! Go slow now. Just you leave the fellow—
          Your father too—in your step-mother's hands.
          She has some influence with this Tartuffe,
          He makes a point of heeding all she says,
          And I suspect that he is fond of her.
          Would God 'twere true!—'Twould be the height of humour
          Now, she has sent for him, in your behalf,
          To sound him on this marriage, to find out
          What his ideas are, and to show him plainly
          What troubles he may cause, if he persists
          In giving countenance to this design.
          His man says, he's at prayers, I mustn't see him,
          But likewise says, he'll presently be down.
          So off with you, and let me wait for him.

DAMIS   I may be present at this interview.

DORINE   No, no! They must be left alone.

DAMIS   I won't
          So much as speak to him.

DORINE   Go on! We know you
          And your high tantrums. Just the way to spoil things!
          Be off.

DAMIS   No, I must see—I'll keep my temper.

DORINE   Out on you, what a plague! He's coming. Hide!
          (Damis goes and hides in the closet at the back of the stage.)

SCÈNE II.

Tartuffe, Laurent, Dorine.

TARTUFFE Laurent, serrez ma haire avec ma discipline,
Et priez que toujours le Ciel vous illumine.
Si l'on vient pour me voir, je vais aux prisonniers
Des aumônes que j'ai partager les deniers.

DORINE Que d'affectation et de forfanterie !

TARTUFFE Que voulez-vous?

DORINE Vous dire...

TARTUFFE (Il tire un mouchoir de sa poche.)
Ah ! mon Dieu, je vous prie,
Avant que de parler prenez-moi ce mouchoir.

DORINE Comment?

TARTUFFE Couvrez ce sein que je ne saurois voir:
Par de pareils objets les âmes sont blessées,
Et cela fait venir de coupables pensées.

DORINE Vous êtes donc bien tendre à la tentation,
Et la chair sur vos sens fait grande impression?
Certes je ne sais pas quelle chaleur vous monte:
Mais à convoiter, moi, je ne suis point si prompte,
Et je vous verrois nu du haut jusques en bas,
Que toute votre peau ne me tenteroit pas.

TARTUFFE Mettez dans vos discours un peu de modestie,
Ou je vais sur-le-champ vous quitter la partie.

SCENE II

TARTUFFE, DORINE

TARTUFFE   (speaking to his valet, off the stage, as soon as he sees Dorine
             is there)
             Lawrence, put up my hair-cloth shirt and scourge,
             And pray that Heaven may shed its light upon you.
             If any come to see me, say I'm gone
             To share my alms among the prisoners.

DORINE   (aside)
             What affectation and what showing off!

TARTUFFE   What do you want with me?

DORINE   To tell you …

TARTUFFE   (taking a handkerchief from his pocket)
             Ah!
             Before you speak, pray take this handkerchief.

DORINE   What?

TARTUFFE   Cover up that bosom, which I can't
             Endure to look on. Things like that offend
             Our souls, and fill our minds with sinful thoughts.

DORINE   Are you so tender to temptation, then,
             And has the flesh such power upon your senses?
             I don't know how you get in such a heat;
             For my part, I am not so prone to lust,
             And I could see you stripped from head to foot,
             And all your hide not tempt me in the least.

TARTUFFE   Show in your speech some little modesty,
             Or I must instantly take leave of you.

95

DORINE   Non, non, c'est moi qui vais vous laisser en repos,
                     Et je n'ai seulement qu'à vous dire deux mots.
                     Madame va venir dans cette salle basse,
                     Et d'un mot d'entretien vous demande la grâce.

TARTUFFE   Hélas ! très volontiers.

DORINE   Comme il se radoucit !
                     Ma foi, je suis toujours pour ce que j'en ai dit.

TARTUFFE   Viendra-t-elle bientôt?

DORINE   Je l'entends, ce me semble.
                     Oui, c'est elle en personne, et je vous laisse ensemble.

DORINE   No, no, I'll leave you to yourself; I've only
One thing to say: Madam will soon be down,
And begs the favour of a word with you.

TARTUFFE   Ah! Willingly.

DORINE   (aside)
How gentle all at once!
My faith, I still believe I've hit upon it.

TARTUFFE   Will she come soon?

DORINE   I think I hear her now.
Yes, here she is herself; I'll leave you with her.

SCÈNE III.

Elmire, Tartuffe.

TARTUFFE   Que le Ciel à jamais par sa toute bonté
             Et de l'âme et du corps vous donne la santé,
             Et bénisse vos jours autant que le désire
             Le plus humble de ceux que son amour inspire.

ELMIRE   Je suis fort obligée à ce souhait pieux.
             Mais prenons une chaise, afin d'être un peu mieux.

TARTUFFE   Comment de votre mal vous sentez-vous remise?

ELMIRE   Fort bien; et cette fièvre a bientôt quitté prise.

TARTUFFE   Mes prières n'ont pas le mérite qu'il faut
             Pour avoir attiré cette grâce d'en haut;
             Mais je n'ai fait au Ciel nulle dévote instance
             Qui n'ait eu pour objet votre convalescence.

ELMIRE   Votre zèle pour moi s'est trop inquiété.

TARTUFFE   On ne peut trop chérir votre chère santé,
             Et pour la rétablir j'aurois donné la mienne.

ELMIRE   C'est pousser bien avant la charité chrétienne,
             Et je vous dois beaucoup pour toutes ces bontés.

TARTUFFE   Je fais bien moins pour vous que vous ne méritez.

ELMIRE   J'ai voulu vous parler en secret d'une affaire,
             Et suis bien aise ici qu'aucun ne nous éclaire.

SCENE III

ELMIRE, TARTUFFE

TARTUFFE	May Heaven's overflowing kindness ever Give you good health of body and of soul, And bless your days according to the wishes And prayers of its most humble votary!
ELMIRE	I'm very grateful for your pious wishes. But let's sit down, so we may talk at ease.
TARTUFFE	(after sitting down) And how are you recovered from your illness?
ELMIRE	(sitting down also) Quite well; the fever soon let go its hold.
TARTUFFE	My prayers, I fear, have not sufficient merit To have drawn down this favour from on high; But each entreaty that I made to Heaven Had for its object your recovery.
ELMIRE	You're too solicitous on my behalf.
TARTUFFE	We could not cherish your dear health too much; I would have given mine, to help restore it.
ELMIRE	That's pushing Christian charity too far; I owe you many thanks for so much kindness.
TARTUFFE	I do far less for you than you deserve.
ELMIRE	There is a matter that I wished to speak of In private; I am glad there's no one here To listen.

99

TARTUFFE   J'en suis ravi de même, et sans doute il m'est doux,
Madame, de me voir seul à seul avec vous:
C'est une occasion qu'au Ciel j'ai demandée,
Sans que jusqu'à cette heure il me l'ait accordée.

ELMIRE   Pour moi, ce que je veux, c'est un mot d'entretien,
Où tout votre coeur s'ouvre, et ne me cache rien.

DAMIS

TARTUFFE   Et je ne veux aussi pour grâce singulière
Que montrer à vos yeux mon âme toute entière,
Et vous faire serment que les bruits que j'ai faits
Des visites qu'ici reçoivent vos attraits
Ne sont pas envers vous l'effet d'aucune haine,
Mais plutôt d'un transport de zèle qui m'entraîne,
Et d'un pur mouvement...

ELMIRE   Je le prends bien aussi,
Et crois que mon salut vous donne ce souci.

TARTUFFE   (Il lui serre le bout des doigts.)
Oui, Madame, sans doute, et ma ferveur est telle...

ELMIRE   Ouf ! vous me serrez trop.

TARTUFFE   C'est par excès de zèle.
De vous faire autre mal je n'eus jamais dessein,
Et j'aurois bien plutôt...
(Il lui met la main sur le genou.)

ELMIRE   Que fait là votre main?

TARTUFFE   Je tâte votre habit: l'étoffe en est moelleuse.

ELMIRE   Ah ! de grâce, laissez, je suis fort chatouilleuse.
(Elle recule sa chaise, et Tartuffe rapproche la sienne.)

TARTUFFE	Madam, I am overjoyed.
	'Tis sweet to find myself alone with you.
	This is an opportunity I've asked
	Of Heaven, many a time; till now, in vain.

ELMIRE	All that I wish, is just a word from you,
	Quite frank and open, hiding nothing from me.

DAMIS	(without their seeing him, opens the closet door halfway.)

TARTUFFE	I too could wish, as Heaven's especial favour,
	To lay my soul quite open to your eyes,
	And swear to you, the trouble that I made
	About those visits which your charms attract,
	Does not result from any hatred toward you,
	But rather from a passionate devotion,
	And purest motives …

ELMIRE	That is how I take it,
	I think 'tis my salvation that concerns you.

TARTUFFE	(pressing her finger tips)
	Madam, 'tis so; and such is my devotion …

ELMIRE	Ouch! but you squeeze too hard.

TARTUFFE	Excess of zeal.
	In no way could I ever mean to hurt you,
	And I'd as soon …
	(He puts his hand on her knee.)

ELMIRE	What's your hand doing there?

TARTUFFE	Feeling your gown; the stuff is very soft.

ELMIRE	Let be, I beg you; I am very ticklish.
	(She moves her chair away, and Tartuffe brings his nearer.)

TARTUFFE   Mon Dieu ! que de ce point l'ouvrage est merveilleux !
On travaille aujourd'hui d'un air miraculeux;
Jamais, en toute chose, on n'a vu si bien faire.

ELMIRE   Il est vrai. Mais parlons un peu de notre affaire.
On tient que mon mari veut dégager sa foi,
Et vous donner sa fille. Est-il vrai, dites-moi?

TARTUFFE   Il m'en a dit deux mots; mais, Madame, à vrai dire,
Ce n'est pas le bonheur après quoi je soupire;
Et je vois autre part les merveilleux attraits
De la félicité qui fait tous mes souhaits.

ELMIRE   C'est que vous n'aimez rien des choses de la terre.

TARTUFFE   Mon sein n'enferme pas un coeur qui soit de pierre.

ELMIRE   Pour moi, je crois qu'au Ciel tendent tous vos soupirs,
Et que rien ici-bas n'arrête vos désirs.

TARTUFFE   (handling the lace yoke of Elmire's dress)
                Dear me how wonderful in workmanship
                This lace is! They do marvels, nowadays;
                Things of all kinds were never better made.

ELMIRE   Yes, very true. But let us come to business.
                They say my husband means to break his word.
                And marry Mariane to you. Is't so?

TARTUFFE   He did hint some such thing; but truly, madam,
                That's not the happiness I'm yearning after;
                I see elsewhere the sweet compelling charms
                Of such a joy as fills my every wish.

ELMIRE   You mean you cannot love terrestrial things.

TARTUFFE   The heart within my bosom is not stone.

ELMIRE   I well believe your sighs all tend to Heaven,
                And nothing here below can stay your thoughts.

TARTUFFE   L'amour qui nous attache aux beautés éternelles
N'étouffe pas en nous l'amour des temporelles;
Nos sens facilement peuvent être charmés
Des ouvrages parfaits que le Ciel a formés.
Ses attraits réfléchis brillent dans vos pareilles;
Mais il étale en vous ses plus rares merveilles;
Il a sur votre face épanché des beautés
Dont les yeux sont surpris, et les coeurs transportés,
Et je n'ai pu vous voir, parfaite créature,
Sans admirer en vous l'auteur de la nature,
Et d'une ardente amour sentir mon coeur atteint,
Au plus beau des portraits où lui-même il s'est peint.
D'abord j'appréhendai que cette ardeur secrète
Ne fût du noir esprit une surprise adroite;
Et même à fuir vos yeux mon coeur se résolut,
Vous croyant un obstacle à faire mon salut.
Mais enfin je connus, ô beauté toute aimable,
Que cette passion peut n'être point coupable,
Que je puis l'ajuster avecque la pudeur,
Et c'est ce qui m'y fait abandonner mon coeur.
Ce m'est, je le confesse, une audace bien grande
Que d'oser de ce coeur vous adresser l'offrande;
Mais j'attends en mes voeux tout de votre bonté,
Et rien des vains efforts de mon infirmité;
En vous est mon espoir, mon bien, ma quiétude,
De vous dépend ma peine ou ma béatitude,
Et je vais être enfin, par votre seul arrêt,
Heureux si vous voulez, malheureux s'il vous plaît.

ELMIRE   La déclaration est tout à fait galante,
Mais elle est, à vrai dire, un peu bien surprenante.
Vous deviez, ce me semble, armer mieux votre sein,
Et raisonner un peu sur un pareil dessein.
Un dévot comme vous, et que partout on nomme...

TARTUFFE Love for the beauty of eternal things
Cannot destroy our love for earthly beauty;
Our mortal senses well may be entranced
By perfect works that Heaven has fashioned here.
Its charms reflected shine in such as you,
And in yourself, its rarest miracles;
It has displayed such marvels in your face,
That eyes are dazed, and hearts are rapt away;
I could not look on you, the perfect creature,
Without admiring Nature's great Creator,
And feeling all my heart inflamed with love
For you, His fairest image of Himself.
At first I trembled lest this secret love
Might be the Evil Spirit's artful snare;
I even schooled my heart to flee your beauty,
Thinking it was a bar to my salvation.
But soon, enlightened, O all lovely one,
I saw how this my passion may be blameless,
How I may make it fit with modesty,
And thus completely yield my heart to it.
'Tis I must own, a great presumption in me
To dare make you the offer of my heart;
My love hopes all things from your perfect goodness,
And nothing from my own poor weak endeavour.
You are my hope, my stay, my peace of heart;
On you depends my torment or my bliss;
And by your doom of judgment, I shall be
Blest, if you will; or damned, by your decree.

ELMIRE Your declaration's turned most gallantly;
But truly, it is just a bit surprising.
You should have better armed your heart, methinks,
And taken thought somewhat on such a matter.
A pious man like you, known everywhere …

TARTUFFE   Ah ! pour être dévot, je n'en suis pas moins homme;
             Et lorsqu'on vient à voir vos célestes appas,
             Un coeur se laisse prendre, et ne raisonne pas.
             Je sais qu'un tel discours de moi paroît étrange;
             Mais, Madame, après tout, je ne suis pas un ange;
             Et si vous condamnez l'aveu que je vous fais,
             Vous devez vous en prendre à vos charmants attraits.
             Dès qu'j'en vis briller la splendeur plus qu'humaine,
             De mon intérieur vous fûtes souveraine;
             De vos regards divins l'ineffable douceur
             Força la résistance où s'obstinoit mon coeur;
             Elle surmonta tout, jeûnes, prières, larmes,
             Et tourna tous mes voeux du côté de vos charmes.
             Mes yeux et mes soupirs vous l'ont dit mille fois,
             Et pour mieux m'expliquer j'emploie ici la voix.
             Que si vous contemplez d'une âme un peu bénigne
             Les tribulations de votre esclave indigne,
             S'il faut que vos bontés veuillent me consoler
             Et jusqu'à mon néant daignent se ravaler,
             J'aurai toujours pour vous, ô suave merveille,
             Une dévotion à nulle autre pareille.
             Votre honneur avec moi ne court point de hasard,
             Et n'a nulle disgrâce à craindre de ma part.
             Tous ces galants de cour, dont les femmes sont folles,
             Sont bruyants dans leurs faits et vains dans leurs paroles,
             De leurs progrès sans cesse on les voit se targuer;
             Ils n'ont point de faveurs qu'ils n'aillent divulguer,
             Et leur langue indiscrète, en qui l'on se confie,
             Déshonore l'autel où leur coeur sacrifie.
             Mais les gens comme nous brûlent d'un feu discret,
             Avec qui pour toujours on est sûr du secret:
             Le soin que nous prenons de notre renommée
             Répond de toute chose à la personne aimée,
             Et c'est en nous qu'on trouve, acceptant notre coeur,
             De l'amour sans scandale et du plaisir sans peur.

TARTUFFE   Though pious, I am none the less a man;
And when a man beholds your heavenly charms,
The heart surrenders, and can think no more.
I know such words seem strange, coming from me;
But, madam, I'm no angel, after all;
If you condemn my frankly made avowal
You only have your charming self to blame.
Soon as I saw your more than human beauty,
You were thenceforth the sovereign of my soul;
Sweetness ineffable was in your eyes,
That took by storm my still resisting heart,
And conquered everything, fasts, prayers, and tears,
And turned my worship wholly to yourself.
My looks, my sighs, have spoke a thousand times;
Now, to express it all, my voice must speak.
If but you will look down with gracious favour
Upon the sorrows of your worthless slave,
If in your goodness you will give me comfort
And condescend unto my nothingness,
I'll ever pay you, O sweet miracle,
An unexampled worship and devotion.
Then too, with me your honour runs no risk;
With me you need not fear a public scandal.
These court gallants, that women are so fond of,
Are boastful of their acts, and vain in speech;
They always brag in public of their progress;
Soon as a favour's granted, they'll divulge it;
Their tattling tongues, if you but trust to them,
Will foul the altar where their hearts have worshipped.
But men like me are so discreet in love,
That you may trust their lasting secrecy.
The care we take to guard our own good name
May fully guarantee the one we love;
So you may find, with hearts like ours sincere,
Love without scandal, pleasure without fear.

ELMIRE　　Je vous écoute dire, et votre rhétorique
En termes assez forts à mon âme s'explique.
N'appréhendez-vous point que je ne sois d'humeur
A dire à mon mari cette galante ardeur,
Et que le prompt avis d'un amour de la sorte
Ne pût bien altérer l'amitié qu'il vous porte?

TARTUFFE　Je sais que vous avez trop de bénignité,
Et que vous ferez grâce à ma témérité
Que vous m'excuserez sur l'humaine foiblesse
Des violents transports d'un amour qui vous blesse,
Et considérerez, en regardant votre air,
Que l'on est pas aveugle, et qu'un homme est de chair.

ELMIRE　　D'autres prendroient cela d'autre façon peut-être;
Mais ma discrétion se veut faire paroître.
Je ne redirai point l'affaire à mon époux;
Mais je veux en revanche une chose de vous:
C'est de presser tout franc et sans nulle chicane
L'union de Valère avecque Mariane,
De renoncer vous-même à l'injuste pouvoir
Qui veut du bien d'un autre enrichir votre espoir,
Et...

ELMIRE	I've heard you through—your speech is clear, at least.
	But don't you fear that I may take a fancy
	To tell my husband of your gallant passion,
	And that a prompt report of this affair
	May somewhat change the friendship which he bears you?

TARTUFFE	I know that you're too good and generous,
	That you will pardon my temerity,
	Excuse, upon the score of human frailty,
	The violence of passion that offends you,
	And not forget, when you consult your mirror,
	That I'm not blind, and man is made of flesh.

ELMIRE	Some women might do otherwise, perhaps,
	But I am willing to employ discretion,
	And not repeat the matter to my husband;
	But in return, I'll ask one thing of you:
	That you urge forward, frankly and sincerely,
	The marriage of Valere to Mariane;
	That you give up the unjust influence
	By which you hope to win another's rights;
	And …

SCÈNE IV.

Damis, Elmire, Tartuffe.

DAMIS
Non, Madame, non: ceci doit se répandre.
J'étois en cet endroit, d'où j'ai pu tout entendre;
Et la bonté du Ciel m'y semble avoir conduit
Pour confondre l'orgueil d'un traître qui me nuit,
Pour m'ouvrir une voie à prendre la vengeance
De son hypocrisie et de son insolence,
A détromper mon père, et lui mettre en plein jour
L'âme d'un scélérat qui vous parle d'amour.

ELMIRE
Non, Damis: il suffit qu'il se rende plus sage,
Et tâche à mériter la grâce où je m'engage.
Puisque je l'ai promis, ne m'en dédites pas.
Ce n'est point mon humeur de faire des éclats:
Une femme se rit de sottises pareilles,
Et jamais d'un mari n'en trouble les oreilles.

DAMIS
Vous avez vos raisons pour en user ainsi,
Et pour faire autrement j'ai les miennes aussi.
Le vouloir épargner est une raillerie;
Et l'insolent orgueil de sa cagoterie
N'a triomphé que trop de mon juste courroux,
Et que trop excité de désordre chez nous.
Le fourbe trop longtemps a gouverné mon père,
Et desservi mes feux avec ceux de Valère.
Il faut que du perfide il soit désabusé,
Et le Ciel pour cela m'offre un moyen aisé.
De cette occasion je lui suis redevable,
Et pour la négliger, elle est trop favorable:
Ce seroit mériter qu'il me la vînt ravir
Que de l'avoir en main et ne m'en pas servir.

SCENE IV

ELMIRE, DAMIS, TARTUFFE

DAMIS   (coming out of the closet-room where he had been hiding)
     No, I say! This thing must be made public.
     I was just there, and overheard it all;
     And Heaven's goodness must have brought me there
     On purpose to confound this scoundrel's pride
     And grant me means to take a signal vengeance
     On his hypocrisy and arrogance,
     And undeceive my father, showing up
     The rascal caught at making love to you.

ELMIRE   No, no; it is enough if he reforms,
     Endeavouring to deserve the favour shown him.
     And since I've promised, do not you belie me.
     'Tis not my way to make a public scandal;
     An honest wife will scorn to heed such follies,
     And never fret her husband's ears with them.

DAMIS   You've reasons of your own for acting thus;
     And I have mine for doing otherwise.
     To spare him now would be a mockery;
     His bigot's pride has triumphed all too long
     Over my righteous anger, and has caused
     Far too much trouble in our family.
     The rascal all too long has ruled my father,
     And crossed my sister's love, and mine as well.
     The traitor now must be unmasked before him:
     And Providence has given me means to do it.
     To Heaven I owe the opportunity,
     And if I did not use it now I have it,
     I should deserve to lose it once for all.

ELMIRE   Damis...

DAMIS   Non, s'il vous plaît, il faut que je me croie.
            Mon âme est maintenant au comble de sa joie;
            Et vos discours en vain prétendent m'obliger
            A quitter le plaisir de me pouvoir venger.
            Sans aller plus avant, je vais vuider d'affaire;
            Et voici justement de quoi me satisfaire.

ELMIRE   Damis …

DAMIS   No, by your leave; I'll not be counselled.
           I'm overjoyed. You needn't try to tell me
           I must give up the pleasure of revenge.
           I'll make an end of this affair at once;
           And, to content me, here's my father now.

SCÈNE V.

Orgon, Damis, Tartuffe, Elmire.

DAMIS   Nous allons régaler, mon père, votre abord
D'un incident tout frais qui vous surprendra fort.
Vous êtes bien payé de toutes vos caresses,
Et Monsieur d'un beau prix reconnoît vos tendresses.
Son grand zèle pour vous vient de se déclarer:
Il ne va pas à moins qu'à vous déshonorer;
Et je l'ai surpris là qui faisoit à Madame
L'injurieux aveu d'une coupable flamme.
Elle est d'une humeur douce, et son coeur trop discret
Vouloit à toute force en garder le secret;
Mais je ne puis flatter une telle impudence,
Et crois que vous la taire est vous faire une offense.

ELMIRE   Oui, je tiens que jamais de tous ces vains propos
On ne doit d'un mari traverser le repos,
Que ce n'est point de là que l'honneur peut dépendre,
Et qu'il suffit pour nous de savoir nous défendre:
Ce sont mes sentiments; et vous n'auriez rien dit,
Damis, si j'avois eu sur vous quelque crédit.

SCENE V

ORGON, ELMIRE, DAMIS, TARTUFFE

DAMIS Father, we've news to welcome your arrival,
That's altogether novel, and surprising.
You are well paid for your caressing care,
And this fine gentleman rewards your love
Most handsomely, with zeal that seeks no less
Than your dishonour, as has now been proven.
I've just surprised him making to your wife
The shameful offer of a guilty love.
She, somewhat over gentle and discreet,
Insisted that the thing should be concealed;
But I will not condone such shamelessness,
Nor so far wrong you as to keep it secret.

ELMIRE Yes, I believe a wife should never trouble
Her husband's peace of mind with such vain gossip;
A woman's honour does not hang on telling;
It is enough if she defend herself;
Or so I think; Damis, you'd not have spoken,
If you would but have heeded my advice.

SCÈNE VI.

Orgon, Damis, Tartuffe.

ORGON   Ce que je viens d'entendre, ô Ciel ! est-il croyable?

TARTUFFE   Oui, mon frère, je suis un méchant, un coupable,
Un malheureux pécheur, tout plein d'iniquité,
Le plus grand scélérat qui jamais ait été;
Chaque instant de ma vie est chargé de souillures;
Elle n'est qu'un amas de crimes et d'ordures;
Et je vois que le Ciel, pour ma punition,
Me veut mortifier en cette occasion.
De quelque grand forfait qu'on me puisse reprendre,
Je n'ai garde d'avoir l'orgueil de m'en défendre.
Croyez ce qu'on vous dit, armez votre courroux,
Et comme un criminel chassez-moi de chez vous:
Je ne saurois avoir tant de honte en partage,
Que je n'en aie encor mérité davantage.

ORGON   Ah ! traître, oses-tu bien par cette fausseté
Vouloir de sa vertu ternir la pureté?

DAMIS   Quoi? la feinte douceur de cette âme hypocrite
Vous fera démentir...?

ORGON   Tais-toi, peste maudite.

SCENE VI

ORGON, DAMIS, TARTUFFE

ORGON   Just Heaven! Can what I hear be credited?

TARTUFFE   Yes, brother, I am wicked, I am guilty,
A miserable sinner, steeped in evil,
The greatest criminal that ever lived.
Each moment of my life is stained with soilures;
And all is but a mass of crime and filth;
Heaven, for my punishment, I see it plainly,
Would mortify me now. Whatever wrong
They find to charge me with, I'll not deny it
But guard against the pride of self-defence.
Believe their stories, arm your wrath against me,
And drive me like a villain from your house;
I cannot have so great a share of shame
But what I have deserved a greater still.

ORGON   (to his son)
You miscreant, can you dare, with such a falsehood,
To try to stain the whiteness of his virtue?

DAMIS   What! The feigned meekness of this hypocrite
Makes you discredit …

ORGON   Silence, cursed plague!

TARTUFFE   Ah ! laissez-le parler: vous l'accusez à tort,
           Et vous feriez bien mieux de croire à son rapport.
           Pourquoi sur un tel fait m'être si favorable?
           Savez-vous, après tout, de quoi je suis capable?
           Vous fiez-vous, mon frère, à mon extérieur?
           Et, pour tout ce qu'on voit, me croyez-vous meilleur?
           Non, non: vous vous laissez tromper à l'apparence,
           Et je ne suis rien moins, hélas ! que ce qu'on pense;
           Tout le monde me prend pour un homme de bien;
           Mais la vérité pure est que je ne vaux rien.
           (S'adressant à Damis.)
           Oui, mon cher fils, parlez: traitez-moi de perfide,
           D'infâme, de perdu, de voleur, d'homicide;
           Accablez-moi de noms encor plus détestés:
           Je n'y contredis point, je les ai mérités;
           Et j'en veux à genoux souffrir l'ignominie,
           Comme une honte due aux crimes de ma vie.

ORGON   (A Tartuffe.)
           Mon frère, c'en est trop.
           (A son fils.)
           Ton coeur ne se rend point,
           Traître?

DAMIS   Quoi ! ses discours vous séduiront au point...

ORGON   Tais-toi, pendard.
           (A Tartuffe.)
           Mon frère, eh ! levez-vous, de grâce !
           (A son fils.)
           Infâme !

DAMIS   Il peut...

ORGON   Tais-toi.

DAMIS   J'enrage ! Quoi? je passe...

ORGON   Si tu dis un seul mot, je te romprai les bras.

TARTUFFE   Ah! Let him speak; you chide him wrongfully;
You'd do far better to believe his tales.
Why favour me so much in such a matter?
How can you know of what I'm capable?
And should you trust my outward semblance, brother,
Or judge therefrom that I'm the better man?
No, no; you let appearances deceive you;
I'm anything but what I'm thought to be,
Alas! and though all men believe me godly,
The simple truth is, I'm a worthless creature.
(To Damis)
Yes, my dear son, say on, and call me traitor,
Abandoned scoundrel, thief, and murderer;
Heap on me names yet more detestable,
And I shall not gainsay you; I've deserved them;
I'll bear this ignominy on my knees,
To expiate in shame the crimes I've done.

ORGON   (to Tartuffe)
Ah, brother, 'tis too much!
(To his son)
You'll not relent,
You blackguard?

DAMIS   What! His talk can so deceive you …

ORGON   Silence, you scoundrel!
(To Tartuffe)
Brother, rise, I beg you.
(To his son)
Infamous villain!

DAMIS   Can he …

ORGON   Silence!

DAMIS   What …

ORGON   Another word, I'll break your every bone.

TARTUFFE   Mon frère, au nom de Dieu, ne vous emportez pas.
             J'aimerois mieux souffrir la peine la plus dure,
             Qu'il eût reçu pour moi la moindre égratignure.

ORGON   (A son fils.)
             Ingrat !

TARTUFFE   Laissez-le en paix. S'il faut, à deux genoux,
             Vous demander sa grâce...

ORGON   Hélas ! vous moquez-vous?
             (A son fils.)
             Coquin ! vois sa bonté.

DAMIS   Donc...

ORGON   Paix.

DAMIS   Quoi? je...

ORGON   Paix, dis-je.
             Je sais bien quel motif à l'attaquer t'oblige:
             Vous le haïssez tous; et je vois aujourd'hui
             Femme, enfants et valets déchaînés contre lui;
             On met impudemment toute chose en usage,
             Pour ôter de chez moi ce dévot personnage.
             Mais plus on fait d'effort afin de le bannir,
             Plus j'en veux employer à l'y mieux retenir;
             Et je vais me hâter de lui donner ma fille,
             Pour confondre l'orgueil de toute ma famille.

DAMIS   A recevoir sa main on pense l'obliger?

ORGON   Oui, traître, et dès ce soir, pour vous faire enrager.
             Ah ! je vous brave tous, et vous ferai connaître
             Qu'il faut qu'on m'obéisse et que je suis le maître.
             Allons, qu'on se rétracte, et qu'à l'instant, fripon,
             On se jette à ses pieds pour demander pardon.

TARTUFFE	Brother, in God's name, don't be angry with him! I'd rather bear myself the bitterest torture Than have him get a scratch on my account.
ORGON	(to his son) Ungrateful monster!
TARTUFFE	Stop. Upon my knees I beg you pardon him …
ORGON	(throwing himself on his knees too, and embracing Tartuffe) Alas! How can you? (To his son) Villain! Behold his goodness!
DAMIS	So …
ORGON	Be still.
DAMIS	What! I …
ORGON	Be still, I say. I know your motives For this attack. You hate him, all of you; Wife, children, servants, all let loose upon him, You have recourse to every shameful trick To drive this godly man out of my house; The more you strive to rid yourselves of him, The more I'll strive to make him stay with me; I'll have him straightway married to my daughter, Just to confound the pride of all of you.
DAMIS	What! Will you force her to accept his hand?
ORGON	Yes, and this very evening, to enrage you, Young rascal! Ah! I'll brave you all, and show you That I'm the master, and must be obeyed. Now, down upon your knees this instant, rogue, And take back what you said, and ask his pardon.

DAMIS   Qui, moi? de ce coquin, qui, par ses impostures...

ORGON   Ah ! tu résistes, gueux, et lui dis des injures?
          (A Tartuffe.)
          Un bâton ! un bâton ! Ne me retenez pas.
          (A son fils.)
          Sus, que de ma maison on sorte de ce pas,
          Et que d'y revenir on n'ait jamais l'audace.

DAMIS   Oui, je sortirai; mais...

ORGON   Vite quittons la place.
          Je te prive, pendard, de ma succession,
          Et te donne de plus ma malédiction.

DAMIS   Who? I? Ask pardon of that cheating scoundrel …?

ORGON   Do you resist, you beggar, and insult him?
            A cudgel, here! a cudgel!
            (To Tartuffe)
            Don't restrain me.
            (To his son)
            Off with you! Leave my house this instant, sirrah,
            And never dare set foot in it again.

DAMIS   Yes, I will leave your house, but …

ORGON   Leave it quickly.
            You reprobate, I disinherit you,
            And give you, too, my curse into the bargain.

SCÈNE VII.

Orgon, Tartuffe.

ORGON   Offenser de la sorte une sainte personne !

TARTUFFE   O Ciel, pardonne-lui la douleur qu'il me donne !
             (A Orgon.)
             Si vous pouviez savoir avec quel déplaisir
             Je vois qu'envers mon frère on tâche à me noircir...

ORGON   Hélas !

TARTUFFE   Le seul penser de cette ingratitude
             Fait souffrir à mon âme un supplice si rude...
             L'horreur que j'en conçois... J'ai le coeur si serré,
             Que je ne puis parler, et crois que j'en mourrai.

ORGON   (Il court tout en larmes à la porte par où il a chassé son fils.)
             Coquin ! je me repens que ma main t'ai fait grâce,
             Et ne t'ait pas d'abord assommé sur la place.
             Remettez-vous, mon frère, et ne vous fâchez pas.

TARTUFFE   Rompons, rompons le cours de ces fâcheux débats.
             Je regarde céans quels grands troubles j'apporte,
             Et crois qu'il est besoin, mon frère, que j'en sorte.

SCENE VII

ORGON, TARTUFFE

ORGON   What! So insult a saintly man of God!

TARTUFFE   Heaven, forgive him all the pain he gives me![1]
             (To Orgon)
             Could you but know with what distress I see
             Them try to vilify me to my brother!

ORGON   Ah!

TARTUFFE   The mere thought of such ingratitude
             Makes my soul suffer torture, bitterly …
             My horror at it … Ah! my heart's so full
             I cannot speak … I think I'll die of it.

ORGON   (in tears, running to the door through which he drove away his
             son)
             Scoundrel! I wish I'd never let you go,
             But slain you on the spot with my own hand.
             (To Tartuffe)
             Brother, compose yourself, and don't be angry.

TARTUFFE   Nay, brother, let us end these painful quarrels.
             I see what troublous times I bring upon you,
             And think 'tis needful that I leave this house.

---

[1] Some modern editions have adopted the reading, preserved by tradition as that of the earliest stage version: Heaven, forgive him even as I forgive him! Voltaire gives still another reading: Heaven, forgive me even as I forgive him! Whichever was the original version, it appears in none of the early editions, and Moliere probably felt forced to change it on account of its too close resemblance to the Biblical phrase.

ORGON   Comment? vous moquez-vous?

TARTUFFE   On m'y hait, et je voi
Qu'on cherche à vous donner des soupçons de ma foi.

ORGON   Qu'importe? Voyez-vous que mon coeur les écoute?

TARTUFFE   On ne manquera pas de poursuivre, sans doute;
Et ces mêmes rapports qu'ici vous rejetez
Peut-être une autre fois scront-ils écoutés.

ORGON   Non, mon frère, jamais.

TARTUFFE   Ah ! mon frère, une femme
Aisément d'un mari peut bien surprendre l'âme.

ORGON   Non, non.

TARTUFFE   Laissez-moi vite, en m'éloignant d'ici,
Leur ôter tout sujet de m'attaquer ainsi.

ORGON   Non, vous demeurerez: il y va de ma vie.

TARTUFFE   Hé bien ! il faudra donc que je me mortifie.
Pourtant, si vous vouliez...

ORGON   Ah !

TARTUFFE   Soit: n'en parlons plus.
Mais je sais comme il faut en user là-dessus.
L'honneur est délicat, et l'amitié m'engage
A prévenir les bruits et les sujets d'ombrage.
Je fuirai votre épouse, et vous ne me verrez...

ORGON   What! You can't mean it?

TARTUFFE   Yes, they hate me here,
           And try, I find, to make you doubt my faith.

ORGON   What of it? Do you find I listen to them?

TARTUFFE   No doubt they won't stop there. These same reports
           You now reject, may some day win a hearing.

ORGON   No, brother, never.

TARTUFFE   Ah! my friend, a woman
           May easily mislead her husband's mind.

ORGON   No, no.

TARTUFFE   So let me quickly go away
           And thus remove all cause for such attacks.

ORGON   No, you shall stay; my life depends upon it.

TARTUFFE   Then I must mortify myself. And yet,
           If you should wish …

ORGON   No, never!

TARTUFFE   Very well, then;
           No more of that. But I shall rule my conduct
           To fit the case. Honour is delicate,
           And friendship binds me to forestall suspicion,
           Prevent all scandal, and avoid your wife.

ORGON   Non, en dépit de tous vous la fréquenterez.
                 Faire enrager le monde est ma plus grande joie,
                 Et je veux qu'avec elle à toute heure on vous voie.
                 Ce n'est pas tout encor: pour les mieux braver tous,
                 Je ne veux point avoir d'autre héritier que vous,
                 Et je vais de ce pas, en fort bonne manière,
                 Vous faire de mon bien donation entière.
                 Un bon et franc ami, que pour gendre je prends,
                 M'est bien plus cher que fils, que femme, et que parents.
                 N'accepterez-vous pas ce que je vous propose?

TARTUFFE   La volonté du Ciel soit faite en toute chose.

ORGON   Le pauvre homme ! Allons vite en dresser un écrit,
                 Et que puisse l'envie en crever de dépit !

ORGON   No, you shall haunt her, just to spite them all.
'Tis my delight to set them in a rage;
You shall be seen together at all hours
And what is more, the better to defy them,
I'll have no other heir but you; and straightway
I'll go and make a deed of gift to you,
Drawn in due form, of all my property.
A good true friend, my son-in-law to be,
Is more to me than son, and wife, and kindred.
You will accept my offer, will you not?

TARTUFFE   Heaven's will be done in everything!

ORGON   Poor man!
We'll go make haste to draw the deed aright,
And then let envy burst itself with spite!

ACTE IV.

SCÈNE PREMIÈRE.

Cléante, Tartuffe.

CLEANTE   Oui, tout le monde en parle, et vous m'en pouvez croire,
L'éclat que fait ce bruit n'est point à votre gloire;
Et je vous ai trouvé, Monsieur, fort à propos,
Pour vous en dire net ma pensée en deux mots.
Je n'examine point à fond ce qu'on expose;
Je passe là-dessus, et prends au pis la chose.
Supposons que Damis n'en ait pas bien usé,
Et que ce soit à tort qu'on vous ait accusé;
N'est-il pas d'un chrétien de pardonner l'offense,
Et d'éteindre en son coeur tout désir de vengeance?
Et devez-vous souffrir, pour votre démêlé,
Que du logis d'un père un fils soit exilé?
Je vous le dis encore, et parle avec franchise,
Il n'est petit ni grand qui ne s'en scandalise;
Et si vous m'en croyez, vous pacifierez tout,
Et ne pousserez point les affaires à bout.
Sacrifiez à Dieu toute votre colère,
Et remettez le fils en grâce avec le père.

ACT IV

SCENE I

CLEANTE, TARTUFFE

CLEANTE   Yes, it's become the talk of all the town,
And make a stir that's scarcely to your credit;
And I have met you, sir, most opportunely,
To tell you in a word my frank opinion.
Not to sift out this scandal to the bottom,
Suppose the worst for us—suppose Damis
Acted the traitor, and accused you falsely;
Should not a Christian pardon this offence,
And stifle in his heart all wish for vengeance?
Should you permit that, for your petty quarrel,
A son be driven from his father's house?
I tell you yet again, and tell you frankly,
Everyone, high or low, is scandalised;
If you'll take my advice, you'll make it up,
And not push matters to extremities.
Make sacrifice to God of your resentment;
Restore the son to favour with his father.

TARTUFFE   Hélas ! je le voudrois, quant à moi, de bon coeur:
Je ne garde pour lui, Monsieur, aucune aigreur;
Je lui pardonne tout, de rien je ne le blâme,
Et voudrois le servir du meilleur de mon âme;
Mais l'intérêt du Ciel n'y sauroit consentir,
Et s'il rentre céans, c'est à moi d'en sortir.
Après son action, qui n'eut jamais d'égale,
Le commerce entre nous porteroit du scandale:
Dieu sait ce que d'abord tout le monde en croiroit !
A pure politique on me l'imputeroit;
Et l'on diroit partout que, me sentant coupable,
Je feins pour qui m'accuse un zèle charitable,
Que mon coeur l'appréhende et veut le ménager,
Pour le pouvoir sous main au silence engager.

CLEANTE   Vous nous payez ici d'excuses colorées,
Et toutes vos raisons, Monsieur, sont trop tirées.
Des intérêts du Ciel pourquoi vous chargez-vous?
Pour punir le coupable a-t-il besoin de vous?
Laissez-lui, laissez-lui le soin de ses vengeances;
Ne songez qu'au pardon qu'il prescrit des offenses;
Et ne regardez point aux jugements humains,
Quand vous suivez du Ciel les ordres souverains.
Quoi? le foible intérêt de ce qu'on pourra croire
D'une bonne action empêchera la gloire?
Non, non: faisons toujours ce que le Ciel prescrit,
Et d'aucun autre soin ne nous brouillons l'esprit.

TARTUFFE   Je vous ai déjà dit que mon coeur lui pardonne,
Et c'est faire, Monsieur, ce que le Ciel ordonne;
Mais après le scandale et l'affront d'aujourd'hui,
Le Ciel n'ordonne pas que je vive avec lui.

CLEANTE   Et vous ordonne-t-il, Monsieur, d'ouvrir l'oreille
A ce qu'un pur caprice à son père conseille,
Et d'accepter le don qui vous est fait d'un bien
Où le droit vous oblige à ne prétendre rien?

TARTUFFE   Alas! So far as I'm concerned, how gladly
             Would I do so! I bear him no ill will;
             I pardon all, lay nothing to his charge,
             And wish with all my heart that I might serve him;
             But Heaven's interests cannot allow it;
             If he returns, then I must leave the house.
             After his conduct, quite unparalleled,
             All intercourse between us would bring scandal;
             God knows what everyone's first thought would be!
             They would attribute it to merest scheming
             On my part—say that conscious of my guilt
             I feigned a Christian love for my accuser,
             But feared him in my heart, and hoped to win him
             And underhandedly secure his silence.

CLEANTE   You try to put us off with specious phrases;
             But all your arguments are too far-fetched.
             Why take upon yourself the cause of Heaven?
             Does Heaven need our help to punish sinners?
             Leave to itself the care of its own vengeance,
             And keep in mind the pardon it commands us;
             Besides, think somewhat less of men's opinions,
             When you are following the will of Heaven.
             Shall petty fear of what the world may think
             Prevent the doing of a noble deed?
             No!—let us always do as Heaven commands,
             And not perplex our brains with further questions.

TARTUFFE   Already I have told you I forgive him;
             And that is doing, sir, as Heaven commands.
             But after this day's scandal and affront
             Heaven does not order me to live with him.

CLEANTE   And does it order you to lend your ear
             To what mere whim suggested to his father,
             And to accept gift of his estates,
             On which, in justice, you can make no claim?

133

TARTUFFE   Ceux qui me connoîtront n'auront pas la pensée
Que ce soit un effet d'une âme intéressée.
Tous les biens de ce monde ont pour moi peu d'appas,
De leur éclat trompeur je ne m'éblouis pas;
Et si je me résous à recevoir du père
Cette donation qu'il a voulu me faire,
Ce n'est, à dire vrai, que parce que je crains
Que tout ce bien ne tombe en de méchantes mains,
Qu'il ne trouve des gens qui, l'ayant en partage,
En fassent dans le monde un criminel usage,
Et ne s'en servent pas, ainsi que j'ai dessein,
Pour la gloire du Ciel et le bien du prochain.

CLEANTE   Hé, Monsieur, n'ayez point ces délicates craintes,
Qui d'un juste héritier peuvent causer les plaintes;
Souffrez, sans vous vouloir embarrasser de rien,
Qu'il soit à ses périls possesseur de son bien;
Et songez qu'il vaut mieux encor qu'il en mésuse,
Que si de l'en frustrer il faut qu'on vous accuse.
J'admire seulement que sans confusion
Vous en ayez souffert la proposition;
Car enfin le vrai zèle a-t-il quelque maxime
Qui montre à dépouiller l'héritier légitime?
Et s'il faut que le Ciel dans votre coeur ait mis
Un invincible obstacle à vivre avec Damis,
Ne vaudroit-il pas mieux qu'en personne discrète
Vous fissiez de céans une honnête retraite,
Que de souffrir ainsi, contre toute raison,
Qu'on en chasse pour vous le fils de la maison?
Croyez-moi, c'est donner de votre prud'homie,
Monsieur...

TARTUFFE   Il est, Monsieur, trois heures et demie:
Certain devoir pieux me demande là-haut,
Et vous m'excuserez de vous quitter sitôt.

CLEANTE   Ah !

TARTUFFE   No one who knows me, sir, can have the thought
That I am acting from a selfish motive.
The goods of this world have no charms for me;
I am not dazzled by their treacherous glamour;
And if I bring myself to take the gift
Which he insists on giving me, I do so,
To tell the truth, only because I fear
This whole estate may fall into bad hands,
And those to whom it comes may use it ill
And not employ it, as is my design,
For Heaven's glory and my neighbours' good.

CLEANTE   Eh, sir, give up these conscientious scruples
That well may cause a rightful heir's complaints.
Don't take so much upon yourself, but let him
Possess what's his, at his own risk and peril;
Consider, it were better he misused it,
Than you should be accused of robbing him.
I am astounded that unblushingly
You could allow such offers to be made!
Tell me—has true religion any maxim
That teaches us to rob the lawful heir?
If Heaven has made it quite impossible
Damis and you should live together here,
Were it not better you should quietly
And honourably withdraw, than let the son
Be driven out for your sake, dead against
All reason? 'Twould be giving, sir, believe me,
Such an example of your probity …

TARTUFFE   Sir, it is half-past three; certain devotions
Recall me to my closet; you'll forgive me
For leaving you so soon.

CLEANTE   (alone)
Ah!

SCÈNE II.

Elmire, Mariane, Dorine, Cléante.

DORINE   De grâce, avec nous employez-vous pour elle,
Monsieur: son âme souffre une douleur mortelle;
Et l'accord que son père a conclu pour ce soir
La fait, à tout moment, entrer en désespoir.
Il va venir. Joignons nos efforts, je vous prie,
Et tâchons d'ébranler, de force ou d'industrie,
Ce malheureux dessein qui nous a tous troublés.

SCENE II

ELMIRE, MARIANE, CLEANTE, DORINE

DORINE   (to Cleante)
          Sir, we beg you
          To help us all you can in her behalf;
          She's suffering almost more than heart can bear;
          This match her father means to make to-night
          Drives her each moment to despair. He's coming.
          Let us unite our efforts now, we beg you,
          And try by strength or skill to change his purpose.

SCÈNE III.

Orgon, Elmire, Mariane, Cléante, Dorine.

ORGON   Ha ! je me réjouis de vous voir assemblés:
(A Mariane.)
Je porte en ce contrat de quoi vous faire rire,
Et vous savez déjà ce que cela veut dire.

MARIANE   Mon père, au nom du Ciel, qui connoît ma douleur,
Et par tout ce qui peut émouvoir votre coeur,
Relâchez-vous un peu des droits de la naissance,
Et dispensez mes voeux de cette obéissance;
Ne me réduisez point par cette dure loi
Jusqu'à me plaindre au Ciel de ce que je vous doi,
Et cette vie, hélas ! que vous m'avez donnée,
Ne me la rendez pas, mon père, infortunée.
Si, contre un doux espoir que j'avois pu former,
Vous me défendez d'être à ce que j'ose aimer,
Au moins, par vos bontés, qu'à vos genoux j'implore,
Sauvez-moi du tourment d'être à ce que j'abhorre,
Et ne me portez point a quelque désespoir,
En vous servant sur moi de tout votre pouvoir.

ORGON   Allons, ferme, mon coeur, point de foiblesse humaine.

MARIANE   Vos tendresses pour lui ne me font point de peine;
Faites-les éclater, donnez-lui votre bien,
Et, si ce n'est assez, joignez-y tout le mien:
J'y consens de bon coeur, et je vous l'abandonne;
Mais au moins n'allez pas jusques à ma personne,
Et souffrez qu'un couvent dans les austérités
Use les tristes jours que le Ciel m'a comptés.

SCENE III

ORGON, ELMIRE, MARIANE, CLEANTE, DORINE

ORGON   So ho! I'm glad to find you all together.
(To Mariane)
Here is the contract that shall make you happy,
My dear. You know already what it means.

MARIANE   (on her knees before Orgon)
Father, I beg you, in the name of Heaven
That knows my grief, and by whate'er can move you,
Relax a little your paternal rights,
And free my love from this obedience!
Oh, do not make me, by your harsh command,
Complain to Heaven you ever were my father;
Do not make wretched this poor life you gave me.
If, crossing that fond hope which I had formed,
You'll not permit me to belong to one
Whom I have dared to love, at least, I beg you
Upon my knees, oh, save me from the torment
Of being possessed by one whom I abhor!
And do not drive me to some desperate act
By exercising all your rights upon me.

ORGON   (a little touched)
Come, come, my heart, be firm! no human weakness!

MARIANE   I am not jealous of your love for him;
Display it freely; give him your estate,
And if that's not enough, add all of mine;
I willingly agree, and give it up,
If only you'll not give him me, your daughter;
Oh, rather let a convent's rigid rule
Wear out the wretched days that Heaven allots me.

ORGON
Ah ! voilà justement de mes religieuses,
Lorsqu'un père combat leurs flammes amoureuses !
Debout ! Plus votre coeur répugne à l'accepter,
Plus ce sera pour vous matière à mériter:
Mortifiez vos sens avec ce mariage,
Et ne me rompez pas la tête davantage.

DORINE
Mais quoi...?

ORGON
Taisez-vous, vous; parlez à votre écot:
Je vous défends tout net d'oser dire un seul mot.

CLEANTE
Si par quelque conseil vous souffrez qu'on réponde...

ORGON
Mon frère, vos conseils sont les meilleurs du monde,
Ils sont bien raisonnés, et j'en fais un grand cas;
Mais vous trouverez bon que je n'en use pas.

ELMIRE
A voir ce que je vois, je ne sais plus que dire,
Et votre aveuglement fait que je vous admire:
C'est être bien coiffé, bien prévenu de lui,
Que de nous démentir sur le fait d'aujourd'hui.

ORGON
Je suis votre valet, et crois les apparences:
Pour mon fripon de fils je sais vos complaisances,
Et vous avez eu peur de le désavouer
Du trait qu'à ce pauvre homme il a voulu jouer;
Vous étiez trop tranquille enfin pour être crue,
Et vous auriez parue d'autre manière émue.

ORGON   These girls are ninnies!—always turning nuns
           When fathers thwart their silly love-affairs.
           Get on your feet! The more you hate to have him,
           The more 'twill help you earn your soul's salvation.
           So, mortify your senses by this marriage,
           And don't vex me about it any more.

DORINE   But what ...?

ORGON   You hold your tongue, before your betters.
           Don't dare to say a single word, I tell you.

CLEANTE   If you will let me answer, and advise ...

ORGON   Brother, I value your advice most highly;
           'Tis well thought out; no better can be had;
           But you'll allow me—not to follow it.

ELMIRE   (to her husband)
           I can't find words to cope with such a case;
           Your blindness makes me quite astounded at you.
           You are bewitched with him, to disbelieve
           The things we tell you happened here to-day.

ORGON   I am your humble servant, and can see
           Things, when they're plain as noses on folks' faces,
           I know you're partial to my rascal son,
           And didn't dare to disavow the trick
           He tried to play on this poor man; besides,
           You were too calm, to be believed; if that
           Had happened, you'd have been far more disturbed.

ELMIRE   Est-ce qu'au simple aveu d'un amoureux transport
Il faut que notre honneur se gendarme si fort?
Et ne peut-on répondre à tout ce qui le touche
Que le feu dans les yeux et l'injure à la bouche?
Pour moi, de tels propos je me ris simplement,
Et l'éclat là-dessus ne me plaît nullement;
J'aime qu'avec douceur nous nous montrions sages,
Et ne suis point du tout pour ces prudes sauvages
Dont l'honneur est armé de griffes et de dents,
Et veut au moindre mot dévisager les gens:
Me préserve le Ciel d'une telle sagesse !
Je veux une vertu qui ne soit point diablesse,
Et crois que d'un refus la discrète froideur
N'en est pas moins puissante à rebuter un coeur.

ORGON   Enfin je sais l'affaire et ne prends point le change.

ELMIRE   J'admire, encore un coup, cette foiblesse étrange.
Mais que me répondroit votre incrédulité
Si l'on vous faisoit voir qu'on vous dit vérité?

ORGON   Voir?

ELMIRE   Oui.

ORGON   Chansons.

ELMIRE   Mais quoi? si je trouvois manière
De vous le faire voir avec pleine lumière?

ORGON   Contes en l'air.

ELMIRE   Quel homme ! Au moins répondez-moi.
Je ne vous parle pas de nous ajouter foi;
Mais supposons ici que, d'un lieu qu'on peut prendre,
On vous fît clairement tout voir et tout entendre.
Que diriez-vous alors de votre homme de bien?

ORGON   En ce cas, je dirois que... Je ne dirois rien,
Car cela ne se peut.

ELMIRE   And must our honour always rush to arms
         At the mere mention of illicit love?
         Or can we answer no attack upon it
         Except with blazing eyes and lips of scorn?
         For my part, I just laugh away such nonsense;
         I've no desire to make a loud to-do.
         Our virtue should, I think, be gentle-natured;
         Nor can I quite approve those savage prudes
         Whose honour arms itself with teeth and claws
         To tear men's eyes out at the slightest word.
         Heaven preserve me from that kind of honour!
         I like my virtue not to be a vixen,
         And I believe a quiet cold rebuff
         No less effective to repulse a lover.

ORGON   I know … and you can't throw me off the scent.

ELMIRE   Once more, I am astounded at your weakness;
         I wonder what your unbelief would answer,
         If I should let you see we've told the truth?

ORGON   See it?

ELMIRE   Yes.

ORGON   Nonsense.

ELMIRE   Come! If I should find
         A way to make you see it clear as day?

ORGON   All rubbish.

ELMIRE   What a man! But answer me.
         I'm not proposing now that you believe us;
         But let's suppose that here, from proper hiding,
         You should be made to see and hear all plainly;
         What would you say then, to your man of virtue?

ORGON   Why, then, I'd say … say nothing. It can't be.

ELMIRE   L'erreur trop longtemps dure,
                Et c'est trop condamner ma bouche d'imposture.
                Il faut que par plaisir, et sans aller plus loin,
                De tout ce qu'on vous dit je vous fasse témoin.

ORGON   Soit: je vous prends au mot. Nous verrons votre adresse,
                Et comment vous pourrez remplir cette promesse.

ELMIRE   Faites-le moi venir.

DORINE   Son esprit est rusé,
                Et peut-être à surprendre il sera malaisé.

ELMIRE   Non: on est aisément dupé par ce qu'on aime,
                Et l'amour-propre engage à se tromper soi-même.
                (Parlant à Cléante et à Mariane.)
                Faites-le moi descendre. Et vous, retirez-vous.

ELMIRE	Your error has endured too long already,
	And quite too long you've branded me a liar.
	I must at once, for my own satisfaction,
	Make you a witness of the things we've told you.
ORGON	Amen! I take you at your word. We'll see
	What tricks you have, and how you'll keep your promise.
ELMIRE	(to Dorine)
	Send him to me.
DORINE	(to Elmire)
	The man's a crafty codger,
	Perhaps you'll find it difficult to catch him.
ELMIRE	(to Dorine)
	Oh no! A lover's never hard to cheat,
	And self-conceit leads straight to self-deceit.
	Bid him come down to me.
	(To Cleante and Mariane)
	And you, withdraw.

SCÈNE IV.

Elmire, Orgon.

ELMIRE   Approchons cette table, et vous mettez dessous.

ORGON   Comment?

ELMIRE   Vous bien cacher est un point nécessaire.

ORGON   Pourquoi sous cette table?

ELMIRE   Ah, mon Dieu ! laissez faire:
J'ai mon dessein en tête, et vous en jugerez.
Mettez-vous là, vous dis-je; et quand vous y serez,
Gardez qu'on ne vous voie et qu'on ne vous entende.

ORGON   Je confesse qu'ici ma complaisance est grande;
Mais de votre entreprise il faut vous voir sortir.

SCENE IV

ELMIRE, ORGON

ELMIRE   Bring up this table, and get under it.

ORGON   What?

ELMIRE   One essential is to hide you well.

ORGON   Why under there?

ELMIRE   Oh, dear! Do as I say;
              I know what I'm about, as you shall see.
              Get under, now, I tell you; and once there
              Be careful no one either sees or hears you.

ORGON   I'm going a long way to humour you,
              I must say; but I'll see you through your scheme.

ELMIRE   Vous n'aurez, que je crois, rien à me repartir.
(A son mari qui est sous la table.)
Au moins, je vais toucher une étrange matière:
Ne vous scandalisez en aucune manière.
Quoi que je puisse dire, il doit m'être permis,
Et c'est pour vous convaincre, ainsi que j'ai promis.
Je vais par des douceurs, puisque j'y suis réduite,
Faire poser le masque à cette âme hypocrite,
Flatter de son amour les désirs effrontés,
Et donner un champ libre à ses témérités.
Comme c'est pour vous seul,et pour mieux le confondre,
Que mon âme à ses voeux va feindre de répondre,
J'aurai lieu de cesser dès que vous vous rendrez,
Et les choses n'iront que jusqu'où vous voudrez.
C'est à vous d'arrêter son ardeur insensée,
Quand vous croirez l'affaire assez avant poussée,
D'épargner votre femme, et de ne m'exposer
Qu'à ce qu'il vous faudra pour vous désabuser:
Ce sont vos intérêts; vous en serez le maître,
Et... L'on vient. Tenez-vous, et gardez de paraître.

ELMIRE   And then you'll have, I think, no more to say.
(To her husband, who is now under the table.)
But mind, I'm going to meddle with strange matters;
Prepare yourself to be in no wise shocked.
Whatever I may say must pass, because
'Tis only to convince you, as I promised.
By wheedling speeches, since I'm forced to do it,
I'll make this hypocrite put off his mask,
Flatter the longings of his shameless passion,
And give free play to all his impudence.
But, since 'tis for your sake, to prove to you
His guilt, that I shall feign to share his love,
I can leave off as soon as you're convinced,
And things shall go no farther than you choose.
So, when you think they've gone quite far enough,
It is for you to stop his mad pursuit,
To spare your wife, and not expose me farther
Than you shall need, yourself, to undeceive you.
It is your own affair, and you must end it
When … Here he comes. Keep still, don't show yourself.

SCÈNE V.

Tartuffe, Elmire, Orgon.

TARTUFFE   On m'a dit qu'en ce lieu vous me vouliez parler.

ELMIRE   Oui. L'on a des secrets à vous y révéler.
Mais tirez cette porte avant qu'on vous les dise,
Et regardez partout de crainte de surprise.
Une affaire pareille à celle de tantôt
N'est pas assurément ici ce qu'il nous faut.
Jamais il ne s'est vu de surprise de même;
Damis m'a fait pour vous une frayeur extrême,
Et vous avez bien vu que j'ai fait mes efforts
Pour rompre ses desseins et calmer ses transports.
Mon trouble, il est bien vrai, m'a si fort possédée,
Que de le démentir je n'ai point eu l'idée;
Mais par là, grâce au Ciel, tout a bien mieux été,
Et les choses en sont dans plus de sûreté.
L'estime où l'on vous tient a dissipé l'orage,
Et mon mari de vous ne peut prendre d'ombrage.
Pour mieux braver l'éclat des mauvais jugements,
Il veut que nous soyons ensemble à tous moments;
Et c'est par où je puis, sans peur d'être blâmée,
Me trouver ici seule avec vous enfermée,
Et ce qui m'autorise à vous ouvrir un coeur
Un peu trop prompt peut-être à souffrir votre ardeur.

TARTUFFE   Ce langage à comprendre est assez difficile,
Madame, et vous parliez tantôt d'un autre style.

150

SCENE V

TARTUFFE   (under the table)
    They told me that you wished to see me here.

ELMIRE   Yes. I have secrets for your ear alone.
    But shut the door first, and look everywhere
    For fear of spies.
    (Tartuffe goes and closes the door, and comes back.)
    We surely can't afford
    Another scene like that we had just now;
    Was ever anyone so caught before!
    Damis did frighten me most terribly
    On your account; you saw I did my best
    To baffle his design, and calm his anger.
    But I was so confused, I never thought
    To contradict his story; still, thank Heaven,
    Things turned out all the better, as it happened,
    And now we're on an even safer footing.
    The high esteem you're held in, laid the storm;
    My husband can have no suspicion of you,
    And even insists, to spite the scandal-mongers,
    That we shall be together constantly;
    So that is how, without the risk of blame,
    I can be here locked up with you alone,
    And can reveal to you my heart, perhaps
    Only too ready to allow your passion.

TARTUFFE   Your words are somewhat hard to understand,
    Madam; just now you used a different style.

ELMIRE   Ah ! si d'un tel refus vous êtes en courroux,
          Que le coeur d'une femme est mal connu de vous !
          Et que vous savez peu ce qu'il veut faire entendre
          Lorsque si foiblement on le voit se défendre !
          Toujours notre pudeur combat dans ces moments
          Ce qu'on peut nous donner de tendres sentiments.
          Quelque raison qu'on trouve à l'amour qui nous dompte,
          On trouve à l'avouer toujours un peu de honte;
          On s'en défend d'abord; mais de l'air qu'on s'y prend,
          On fait connoître assez que notre coeur se rend,
          Qu'à nos voeux par honneur notre bouche s'oppose,
          Et que de tels refus promettent toute chose.
          C'est vous faire sans doute un assez libre aveu,
          Et sur notre pudeur me ménager bien peu;
          Mais puisque la parole enfin en est lâchée,
          A retenir Damis me serois-je attachée,
          Aurois-je, je vous prie, avec tant de douceur
          Écouté tout au long l'offre de votre coeur,
          Aurois-je pris la chose ainsi qu'on m'a vu faire,
          Si l'offre de ce coeur n'eût eu de quoi me plaire?
          Et lorsque j'ai voulu moi-même vous forcer
          A refuser l'hymen qu'on venoit d'annoncer,
          Qu'est-ce que cette instance a dû vous faire entendre,
          Que l'intérêt qu'en vous on s'avise de prendre,
          Et l'ennui qu'on auroit que ce noeud qu'on résout
          Vînt partager du moins un coeur que l'on veut tout?

ELMIRE   If that refusal has offended you,
           How little do you know a woman's heart!
           How ill you guess what it would have you know,
           When it presents so feeble a defence!
           Always, at first, our modesty resists
           The tender feelings you inspire us with.
           Whatever cause we find to justify
           The love that masters us, we still must feel
           Some little shame in owning it; and strive
           To make as though we would not, when we would.
           But from the very way we go about it
           We let a lover know our heart surrenders,
           The while our lips, for honour's sake, oppose
           Our heart's desire, and in refusing promise.
           I'm telling you my secret all too freely
           And with too little heed to modesty.
           But—now that I've made bold to speak—pray tell me.
           Should I have tried to keep Damis from speaking,
           Should I have heard the offer of your heart
           So quietly, and suffered all your pleading,
           And taken it just as I did—remember—
           If such a declaration had not pleased me,
           And, when I tried my utmost to persuade you
           Not to accept the marriage that was talked of,
           What should my earnestness have hinted to you
           If not the interest that you've inspired,
           And my chagrin, should such a match compel me
           To share a heart I want all to myself?

TARTUFFE   C'est sans doute, Madame, une douceur extrême
           Que d'entendre ces mots d'une bouche qu'on aime:
           Leur miel dans tous mes sens fait couler à longs traits
           Une suavité qu'on ne goûta jamais.
           Le bonheur de vous plaire est ma suprême étude,
           Et mon coeur de vos voeux fait sa béatitude;
           Mais ce coeur vous demande ici la liberté
           D'oser douter un peu de sa félicité.
           Je puis croire ces mots un artifice honnête
           Pour m'obliger à rompre un hymen qui s'apprête;
           Et s'il faut librement m'expliquer avec vous,
           Je ne me fierai point à des propos si doux,
           Qu'un peu de vos faveurs, après quoi je soupire,
           Ne vienne m'assurer tout ce qu'ils m'ont pu dire,
           Et planter dans mon âme une constante foi
           Des charmantes bontés que vous avez pour moi.

ELMIRE   (Elle tousse pour avertir son mari.)
           Quoi? vous voulez aller avec cette vitesse,
           Et d'un coeur tout d'abord épuiser la tendresse?
           On se tue à vous faire un aveu des plus doux;
           Cependant ce n'est pas encore assez pour vous,
           Et l'on ne peut aller jusqu'à vous satisfaire,
           Qu'aux dernières faveurs on ne pousse l'affaire?

TARTUFFE   Moins on mérite un bien, moins on l'ose espérer.
           Nos voeux sur des discours ont peine à s'assurer.
           On soupçonne aisément un sort tout plein de gloire,
           Et l'on veut en jouir avant que de le croire.
           Pour moi, qui crois si peu mériter vos bontés,
           Je doute du bonheur de mes témérités;
           Et je ne croirai rien, que vous n'ayez, Madame,
           Par des réalités su convaincre ma flamme.

TARTUFFE   Tis, past a doubt, the height of happiness,
To hear such words from lips we dote upon;
Their honeyed sweetness pours through all my senses
Long draughts of suavity ineffable.
My heart employs its utmost zeal to please you,
And counts your love its one beatitude;
And yet that heart must beg that you allow it
To doubt a little its felicity.
I well might think these words an honest trick
To make me break off this approaching marriage;
And if I may express myself quite plainly,
I cannot trust these too enchanting words
Until the granting of some little favour
I sigh for, shall assure me of their truth
And build within my soul, on firm foundations,
A lasting faith in your sweet charity.

ELMIRE   (coughing to draw her husband's attention)
What! Must you go so fast?—and all at once
Exhaust the whole love of a woman's heart?
She does herself the violence to make
This dear confession of her love, and you
Are not yet satisfied, and will not be
Without the granting of her utmost favours?

TARTUFFE   The less a blessing is deserved, the less
We dare to hope for it; and words alone
Can ill assuage our love's desires. A fate
Too full of happiness, seems doubtful still;
We must enjoy it ere we can believe it.
And I, who know how little I deserve
Your goodness, doubt the fortunes of my daring;
So I shall trust to nothing, madam, till
You have convinced my love by something real.

ELMIRE   Mon Dieu, que votre amour en vrai tyran agit,
Et qu'en un trouble étrange il me jette l'esprit !
Que sur les coeurs il prend un furieux empire,
Et qu'avec violence il veut ce qu'il désire !
Quoi? de votre poursuite on ne peut se parer,
Et vous ne donnez pas le temps de respirer?
Sied-il bien de tenir une rigueur si grande,
De vouloir sans quartier les choses qu'on demande,
Et d'abuser ainsi par vos efforts pressants
Du foible que pour vous vous voyez qu'ont les gens?

TARTUFFE   Mais si d'un oeil bénin vous voyez mes hommages,
Pourquoi m'en refuser d'assurés témoignages?

ELMIRE   Mais comment consentir à ce que vous voulez,
Sans offenser le Ciel, dont toujours vous parlez?

TARTUFFE   Si ce n'est que le Ciel qu'à mes voeux on oppose,
Lever un tel obstacle est à moi peu de chose,
Et cela ne doit pas retenir votre coeur.

ELMIRE   Mais des arrêts du Ciel on nous fait tant de peur !

ELMIRE   Ah! How your love enacts the tyrant's role,
          And throws my mind into a strange confusion!
          With what fierce sway it rules a conquered heart,
          And violently will have its wishes granted!
          What! Is there no escape from your pursuit?
          No respite even?—not a breathing space?
          Nay, is it decent to be so exacting,
          And so abuse by urgency the weakness
          You may discover in a woman's heart?

TARTUFFE   But if my worship wins your gracious favour,
           Then why refuse me some sure proof thereof?

ELMIRE   But how can I consent to what you wish,
           Without offending Heaven you talk so much of?

TARTUFFE   If Heaven is all that stands now in my way,
           I'll easily remove that little hindrance;
           Your heart need not hold back for such a trifle.

ELMIRE   But they affright us so with Heaven's commands!

TARTUFFE   Je puis vous dissiper ces craintes ridicules,
Madame, et je sais l'art de lever les scrupules.
Le Ciel défend, de vrai, certains contentements;
(C'est un scélérat qui parle.)
Mais on trouve avec lui des accommodements;
Selon divers besoins, il est une science
D'étendre les liens de notre conscience,
Et de rectifier le mal de l'action
Avec la pureté de notre intention.
De ces secrets, Madame, on saura vous instruire;
Vous n'avez seulement qu'à vous laisser conduire.
Contentez mon désir, et n'ayez point d'effroi:
Je vous réponds de tout, et prends le mal sur moi.
Vous toussez fort, Madame.

ELMIRE   Oui, je suis au supplice.

TARTUFFE   Vous plaît-il un morceau de ce jus de réglisse?

ELMIRE   C'est un rhume obstiné, sans doute, et je vois bien
Que tous les jus du monde ici ne feront rien.

TARTUFFE   Cela certe est fâcheux.

ELMIRE   Oui, plus qu'on ne peut dire.

TARTUFFE   Enfin votre scrupule est facile à détruire:
Vous êtes assurée ici d'un plein secret,
Et le mal n'est jamais que dans l'éclat qu'on fait;
Le scandale du monde est ce qui fait l'offense,
Et ce n'est pas pécher que pécher en silence.

TARTUFFE   I can dispel these foolish fears, dear madam;
I know the art of pacifying scruples
Heaven forbids, 'tis true, some satisfactions;
But we find means to make things right with Heaven.
('Tis a scoundrel speaking.)[1]
There is a science, madam, that instructs us
How to enlarge the limits of our conscience
According to our various occasions,
And rectify the evil of the deed
According to our purity of motive.
I'll duly teach you all these secrets, madam;
You only need to let yourself be guided.
Content my wishes, have no fear at all;
I answer for't, and take the sin upon me.
(Elmire coughs still louder.)
Your cough is very bad.

ELMIRE   Yes, I'm in torture.

TARTUFFE   Would you accept this bit of licorice?

ELMIRE   The case is obstinate, I find; and all
The licorice in the world will do no good.

TARTUFFE   Tis very trying.

ELMIRE   More than words can say.

TARTUFFE   In any case, your scruple's easily
Removed. With me you're sure of secrecy,
And there's no harm unless a thing is known.
The public scandal is what brings offence,
And secret sinning is not sin at all.

---

[1] Moliere's note, in the original edition.

ELMIRE   Enfin je vois qu'il faut se résoudre à céder,
                     Qu'il faut que je consente à vous tout accorder,
                     Et qu'à moins de cela je ne dois point prétendre
                     Qu'on puisse être content et qu'on veuille se rendre.
                     Sans doute il est fâcheux d'en venir jusque-là,
                     Et c'est bien malgré moi que je franchis cela;
                     Mais puisque l'on s'obstine à m'y vouloir réduire,
                     Puisqu'on ne veut point croire à tout ce qu'on peut dire,
                     Et qu'on veut des témoins qui soient plus convaincants,
                     Il faut bien s'y résoudre, et contenter les gens.
                     Si ce consentement porte en soi quelque offense,
                     Tant pis pour qui me force à cette violence;
                     La faute assurément n'en doit pas être à moi.

TARTUFFE   Oui, Madame, on s'en charge; et la chose de soi...

ELMIRE   Ouvrez un peu la porte, et voyez, je vous prie,
                     Si mon mari n'est point dans cette galerie.

TARTUFFE   Qu'est-il besoin pour lui du soin que vous prenez?
                     C'est un homme, entre nous, à mener par le nez;
                     De tous nos entretiens il est pour faire gloire,
                     Et je l'ai mis au point de voir tout sans rien croire.

ELMIRE   Il n'importe: sortez, je vous prie, un moment,
                     Et partout là dehors voyez exactement.

ELMIRE   (after coughing again)
          So then, I see I must resolve to yield;
          I must consent to grant you everything,
          And cannot hope to give full satisfaction
          Or win full confidence, at lesser cost.
          No doubt 'tis very hard to come to this;
          'Tis quite against my will I go so far;
          But since I must be forced to it, since nothing
          That can be said suffices for belief,
          Since more convincing proof is still demanded,
          I must make up my mind to humour people.
          If my consent give reason for offence,
          So much the worse for him who forced me to it;
          The fault can surely not be counted mine.

TARTUFFE   It need not, madam; and the thing itself …

ELMIRE   Open the door, I pray you, and just see
           Whether my husband's not there, in the hall.

TARTUFFE   Why take such care for him? Between ourselves,
           He is a man to lead round by the nose.
           He's capable of glorying in our meetings;
           I've fooled him so, he'd see all, and deny it.

ELMIRE   No matter; go, I beg you, look about,
           And carefully examine every corner.

SCÈNE VI.

Orgon, Elmire.

ORGON   Voilà, je vous l'avoue, un abominable homme.
                    Je n'en puis revenir, et tout ceci m'assomme.

ELMIRE   Quoi? vous sortez si tôt? vous vous moquez des gens.
                    Rentrez sous le tapis, il n'est pas encor temps;
                    Attendez jusqu'au bout pour voir les choses sûres,
                    Et ne vous fiez point aux simples conjectures.

ORGON   Non, rien de plus méchant n'est sorti de l'enfer.

ELMIRE   Mon Dieu ! l'on ne doit point croire trop de léger.
                    Laissez-vous bien convaincre avant que de vous rendre,
                    Et ne vous hâtez point, de peur de vous méprendre.
                    (Elle fait mettre son mari derrière elle.)

SCENE VI

ORGON, ELMIRE

ORGON   (crawling out from under the table)
               That is, I own, a man … abominable!
               I can't get over it; the whole thing floors me.

ELMIRE   What? You come out so soon? You cannot mean it!
               Get back under the table; 'tis not time yet;
               Wait till the end, to see, and make quite certain,
               And don't believe a thing on mere conjecture.

ORGON   Nothing more wicked e'er came out of Hell.

ELMIRE   Dear me! Don't go and credit things too lightly.
               No, let yourself be thoroughly convinced;
               Don't yield too soon, for fear you'll be mistaken.
               (As Tartuffe enters, she makes her husband stand behind her.)

SCÈNE VII.

Tartuffe, Elmire, Orgon.

TARTUFFE   Tout conspire, Madame, à mon contentement:
J'ai visité de l'oeil tout cet appartement;
Personne ne s'y trouve; et mon âme ravie...

ORGON   Tout doux ! vous suivez trop votre amoureuse envie,
Et vous ne devez pas vous tant passionner.
Ah ! ah ! l'homme de bien, vous m'en voulez donner !
Comme aux tentations s'abandonne votre âme !
Vous épousiez ma fille, et convoitiez ma femme !
J'ai douté fort longtemps que ce fût tout de bon,
Et je croyois toujours qu'on changeroit de ton;
Mais c'est assez avant pousser le témoignage:
Je m'y tiens, et n'en veux, pour moi, pas davantage.

ELMIRE   C'est contre mon humeur que j'ai fait tout ceci;
Mais on m'a mise au point de vous traiter ainsi.

TARTUFFE   Quoi? vous croyez...?

ORGON   Allons, point de bruit, je vous prie.
Dénichez de céans, et sans cérémonie.

TARTUFFE   Mon dessein...

ORGON   Ces discours ne sont plus de saison:
Il faut, tout sur-le-champ, sortir de la maison.

SCENE VII

TARTUFFE (not seeing Orgon)
All things conspire toward my satisfaction,
Madam, I've searched the whole apartment through.
There's no one here; and now my ravished soul …

ORGON (stopping him)
Softly! You are too eager in your amours;
You needn't be so passionate. Ah ha!
My holy man! You want to put it on me!
How is your soul abandoned to temptation!
Marry my daughter, eh?—and want my wife, too?
I doubted long enough if this was earnest,
Expecting all the time the tone would change;
But now the proof's been carried far enough;
I'm satisfied, and ask no more, for my part.

ELMIRE (to Tartuffe)
Twas quite against my character to play
This part; but I was forced to treat you so.

TARTUFFE What? You believe …?

ORGON Come, now, no protestations.
Get out from here, and make no fuss about it.

TARTUFFE But my intent …

ORGON That talk is out of season.
You leave my house this instant.

TARTUFFE   C'est à vous d'en sortir, vous qui parlez en maître:
La maison m'appartient, je le ferai connaître,
Et vous montrerai bien qu'en vain on a recours,
Pour me chercher querelle, à ces lâches détours,
Qu'on n'est pas où l'on pense en me faisant injure,
Que j'ai de quoi confondre et punir l'imposture,
Venger le Ciel qu'on blesse, et faire repentir
Ceux qui parlent ici de me faire sortir.

TARTUFFE   You're the one
To leave it, you who play the master here!
This house belongs to me, I'll have you know,
And show you plainly it's no use to turn
To these low tricks, to pick a quarrel with me,
And that you can't insult me at your pleasure,
For I have wherewith to confound your lies,
Avenge offended Heaven, and compel
Those to repent who talk to me of leaving.

SCÈNE VIII.

Elmire, Orgon.

ELMIRE   Quel est donc ce langage? et qu'est-ce qu'il veut dire?

ORGON   Ma foi, je suis confus, et n'ai pas lieu de rire.

ELMIRE   Comment?

ORGON   Je vois ma faute aux choses qu'il me dit,
              Et la donation m'embarrasse l'esprit.

ELMIRE   La donation...

ORGON   Oui, c'est une affaire faite.
              Mais j'ai quelque autre chose encor qui m'inquiète.

ELMIRE   Et quoi?

ORGON   Vous saurez tout. Mais voyons au plus tôt
              Si certaine cassette est encore là-haut.

SCENE VIII

ELMIRE, ORGON

ELMIRE   What sort of speech is this? What can it mean?

ORGON   My faith, I'm dazed. This is no laughing matter.

ELMIRE   What?

ORGON   From his words I see my great mistake;
                 The deed of gift is one thing troubles me.

ELMIRE   The deed of gift …

ORGON   Yes, that is past recall.
                 But I've another thing to make me anxious.

ELMIRE   What's that?

ORGON   You shall know all. Let's see at once
                 Whether a certain box is still upstairs.

ACTE V.

SCÈNE PREMIÈRE.

Orgon, Cléante.

CLEANTE   Où voulez-vous courir?

ORGON   Las ! que sais-je?

CLEANTE   Il me semble
Que l'on doit commencer par consulter ensemble
Les choses qu'on peut faire en cet événement.

ORGON   Cette cassette-là me trouble entièrement;
Plus que le reste encore elle me désespère.

CLEANTE   Cette cassette est donc un important mystère?

ACT V

SCENE I

CLEANTE   Whither away so fast?

ORGON   How should I know?

CLEANTE   Methinks we should begin by taking counsel
To see what can be done to meet the case.

ORGON   I'm all worked up about that wretched box.
More than all else it drives me to despair.

CLEANTE   That box must hide some mighty mystery?

ORGON C'est un dépôt qu'Argas, cet ami que je plains,
Lui-même, en grand secret, m'a mis entre les mains:
Pour cela, dans sa fuite il me voulut élire;
Et ce sont des papiers, à ce qu'il m'a pu dire,
Où sa vie et ses biens se trouvent attachés.

CLEANTE Pourquoi donc les avoir en d'autres mains lâchés?

ORGON Ce fut par un motif de cas de conscience:
J'allai droit à mon traître en faire confidence;
Et son raisonnement me vint persuader
De lui donner plutôt la cassette à garder,
Afin que, pour nier, en cas de quelque enquête,
J'eusse d'un faux-fuyant la faveur toute prête,
Par où ma conscience eût pleine sûreté
A faire des serments contre la vérité.

CLEANTE Vous voilà mal, au moins si j'en crois l'apparence;
Et la donation, et cette confidence,
Sont, à vous en parler selon mon sentiment,
Des démarches par vous faites légèrement.
On peut vous mener loin avec de pareils gages;
Et cet homme sur vous ayant ces avantages,
Le pousser est encor grande imprudence à vous,
Et vous deviez chercher quelque biais plus doux.

ORGON Quoi? sous un beau semblant de ferveur si touchante
Cacher un coeur si double, une âme si méchante !
Et moi qui l'ai reçu gueusant et n'ayant rien...
C'en est fait, je renonce à tous les gens de bien:
J'en aurai désormais une horreur effroyable,
Et m'en vais devenir pour eux pire qu'un diable.

ORGON   Argas, my friend who is in trouble, brought it
Himself, most secretly, and left it with me.
He chose me, in his exile, for this trust;
And on these documents, from what he said,
I judge his life and property depend.

CLEANTE   How could you trust them to another's hands?

ORGON   By reason of a conscientious scruple.
I went straight to my traitor, to confide
In him; his sophistry made me believe
That I must give the box to him to keep,
So that, in case of search, I might deny
My having it at all, and still, by favour
Of this evasion, keep my conscience clear
Even in taking oath against the truth.

CLEANTE   Your case is bad, so far as I can see;
This deed of gift, this trusting of the secret
To him, were both—to state my frank opinion—
Steps that you took too lightly; he can lead you
To any length, with these for hostages;
And since he holds you at such disadvantage,
You'd be still more imprudent, to provoke him;
So you must go some gentler way about.

ORGON   What! Can a soul so base, a heart so false,
Hide neath the semblance of such touching fervour?
I took him in, a vagabond, a beggar! ...
'Tis too much! No more pious folk for me!
I shall abhor them utterly forever,
And henceforth treat them worse than any devil.

CLEANTE   Hé bien ! ne voilà pas de vos emportements !
Vous ne gardez en rien les doux tempéraments;
Dans la droite raison jamais n'entre la vôtre,
Et toujours d'un excès vous vous jetez dans l'autre.
Vous voyez votre erreur, et vous avez connu
Que par un zèle feint vous étiez prévenu;
Mais pour vous corriger, quelle raison demande
Que vous alliez passer dans une erreur plus grande,
Et qu'avecque le coeur d'un perfide vaurien
Vous confondiez les coeurs de tous les gens de bien?
Quoi? parce qu'un fripon vous dupe avec audace
Sous le pompeux éclat d'une austère grimace,
Vous voulez que partout on soit fait comme lui,
Et qu'aucun vrai dévot ne se trouve aujourd'hui?
Laissez aux libertins ces sottes conséquences;
Démêlez la vertu d'avec ses apparences,
Ne hasardez jamais votre estime trop tôt,
Et soyez pour cela dans le milieu qu'il faut:
Gardez-vous, s'il se peut, d'honorer l'imposture,
Mais au vrai zèle aussi n'allez pas faire injure;
Et s'il vous faut tomber dans une extrémité,
Péchez plutôt encor de cet autre côté.

CLEANTE   So! There you go again, quite off the handle!
            In nothing do you keep an even temper.
            You never know what reason is, but always
            Jump first to one extreme, and then the other.
            You see your error, and you recognise
            That you've been cozened by a feigned zeal;
            But to make up for't, in the name of reason,
            Why should you plunge into a worse mistake,
            And find no difference in character
            Between a worthless scamp, and all good people?
            What! Just because a rascal boldly duped you
            With pompous show of false austerity,
            Must you needs have it everybody's like him,
            And no one's truly pious nowadays?
            Leave such conclusions to mere infidels;
            Distinguish virtue from its counterfeit,
            Don't give esteem too quickly, at a venture,
            But try to keep, in this, the golden mean.
            If you can help it, don't uphold imposture;
            But do not rail at true devoutness, either;
            And if you must fall into one extreme,
            Then rather err again the other way.

SCÈNE II.

Damis, Orgon, Cléante.

DAMIS

Quoi? mon père, est-il vrai qu'un coquin vous menace?
Qu'il n'est point de bienfait qu'en son âme il n'efface,
Et que son lâche orgueil, trop digne de courroux,
Se fait de vos bontés des armes contre vous?

ORGON

Oui, mon fils, et j'en sens des douleurs non pareilles.

DAMIS

Laissez-moi, je lui veux couper les deux oreilles:
Contre son insolence on ne doit point gauchir;
C'est à moi, tout d'un coup, de vous en affranchir,
Et pour sortir d'affaire, il faut que je l'assomme.

CLEANTE

Voilà tout justement parler en vrai jeune homme.
Modérez, s'il vous plaît, ces transports éclatants:
Nous vivons sous un règne et sommes dans un temps
Où par la violence on fait mal ses affaires.

SCENE II

DAMIS, ORGON, CLEANTE

DAMIS   What! father, can the scoundrel threaten you,
                    Forget the many benefits received,
                    And in his base abominable pride
                    Make of your very favours arms against you?

ORGON   Too true, my son. It tortures me to think on't.

DAMIS   Let me alone, I'll chop his ears off for him.
                    We must deal roundly with his insolence;
                    'Tis I must free you from him at a blow;
                    'Tis I, to set things right, must strike him down.

CLEANTE   Spoke like a true young man. Now just calm down,
                    And moderate your towering tantrums, will you?
                    We live in such an age, with such a king,
                    That violence can not advance our cause.

SCÈNE III.

Madame Pernelle, Mariane, Elmire, Dorine, Damis, Orgon, Cléante.

MADAME PERNELLE Qu'est-ce? J'apprends ici de terribles mystères.

ORGON Ce sont des nouveautés dont mes yeux sont témoins,
Et vous voyez le prix dont sont payés mes soins.
Je recueille avec zèle un homme en sa misère,
Je le loge, et le tiens comme mon propre frère;
De bienfaits chaque jour il est par moi chargé;
Je lui donne ma fille et tout le bien que j'ai;
Et, dans le même temps, le perfide, l'infâme,
Tente le noir dessein de suborner ma femme,
Et non content encor de ces lâches essais,
Il m'ose menacer de mes propres bienfaits,
Et veut, à ma ruine, user des avantages
Dont le viennent d'armer mes bontés trop peu sages,
Me chasser de mes biens, où je l'ai transféré,
Et me réduire au point d'où je l'ai retiré.

DORINE Le pauvre homme !

MADAME PERNELLE Mon fils, je ne puis du tout croire
Qu'il ait voulu commettre une action si noire.

ORGON Comment?

MADAME PERNELLE Les gens de bien sont enviés toujours.

ORGON Que voulez-vous donc dire avec votre discours,
Ma mère?

MADAME PERNELLE Que chez vous on vit d'étrange sorte,
Et qu'on ne sait que trop la haine qu'on lui porte.

SCENE III

MADAME PERNELLE, ORGON, ELMIRE, CLEANTE, MARIANE, DAMIS, DORINE

MADAME PERNELLE	What's this? I hear of fearful mysteries!
ORGON	Strange things indeed, for my own eyes to witness; You see how I'm requited for my kindness, I zealously receive a wretched beggar, I lodge him, entertain him like my brother, Load him with benefactions every day, Give him my daughter, give him all my fortune: And he meanwhile, the villain, rascal, wretch, Tries with black treason to suborn my wife, And not content with such a foul design, He dares to menace me with my own favours, And would make use of those advantages Which my too foolish kindness armed him with, To ruin me, to take my fortune from me, And leave me in the state I saved him from.
DORINE	Poor man!
MADAME PERNELLE	My son, I cannot possibly Believe he could intend so black a deed.
ORGON	What?
MADAME PERNELLE	Worthy men are still the sport of envy.
ORGON	Mother, what do you mean by such a speech?
MADAME PERNELLE	There are strange goings-on about your house, And everybody knows your people hate him.

ORGON	Qu'a cette haine à faire avec ce qu'on vous dit?
MADAME PERNELLE	Je vous l'ai dit cent fois quand vous étiez petit: La vertu dans le monde est toujours poursuivie; Les envieux mourront, mais non jamais l'envie.
ORGON	Mais que fait ce discours aux choses d'aujourd'hui?
MADAME PERNELLE	On vous aura forgé cent sots contes de lui.
ORGON	Je vous ai déjà dit que j'ai vu tout moi-même.
MADAME PERNELLE	Des esprits médisants la malice est extrême.
ORGON	Vous me feriez damner, ma mère. Je vous di Que j'ai vu de mes yeux un crime si hardi.
MADAME PERNELLE	Les langues ont toujours du venin à répandre, Et rien n'est ici-bas qui s'en puisse défendre.
ORGON	C'est tenir un propos de sens bien dépourvu. Je l'ai vu, dis-je, vu, de mes propres yeux vu, Ce qui s'appelle vu: faut-il vous le rebattre Aux oreilles cent fois, et crier comme quatre?
MADAME PERNELLE	Mon Dieu, le plus souvent l'apparence déçoit: Il ne faut pas toujours juger sur ce qu'on voit.
ORGON	J'enrage.
MADAME PERNELLE	Aux faux soupçons la nature est sujette, Et c'est souvent à mal que le bien s'interprète.
ORGON	Je dois interpréter à charitable soin Le désir d'embrasser ma femme?
MADAME PERNELLE	Il est besoin, Pour accuser les gens, d'avoir de justes causes; Et vous deviez attendre à vous voir sûr des choses.

ORGON	What's that to do with what I tell you now?
MADAME PERNELLE	I always said, my son, when you were little: That virtue here below is hated ever; The envious may die, but envy never.
ORGON	What's that fine speech to do with present facts?
MADAME PERNELLE	Be sure, they've forged a hundred silly lies ...
ORGON	I've told you once, I saw it all myself.
MADAME PERNELLE	For slanderers abound in calumnies ...
ORGON	Mother, you'd make me damn my soul. I tell you I saw with my own eyes his shamelessness.
MADAME PERNELLE	Their tongues for spitting venom never lack, There's nothing here below they'll not attack.
ORGON	Your speech has not a single grain of sense. I saw it, harkee, saw it, with these eyes I saw—d'ye know what saw means?—must I say it A hundred times, and din it in your ears?
MADAME PERNELLE	My dear, appearances are oft deceiving, And seeing shouldn't always be believing.
ORGON	I'll go mad.
MADAME PERNELLE	False suspicions may delude, And good to evil oft is misconstrued.
ORGON	Must I construe as Christian charity The wish to kiss my wife!
MADAME PERNELLE	You must, at least, Have just foundation for accusing people, And wait until you see a thing for sure.

ORGON   Hé, diantre ! le moyen de m'en assurer mieux?
               Je devois donc, ma mère, attendre qu'à mes yeux
               Il eût... Vous me feriez dire quelque sottise.

MADAME   Enfin d'un trop pur zèle on voit son âme éprise;
PERNELLE   Et je ne puis du tout me mettre dans l'esprit
               Qu'il ait voulu tenter les choses que l'on dit.

ORGON   Allez, je ne sais pas, si vous n'étiez ma mère,
               Ce que je vous dirois, tant je suis en colère.

DORINE   Juste retour, Monsieur, des choses d'ici-bas:
               Vous ne vouliez point croire, et l'on ne vous croit pas.

CLEANTE   Nous perdons des moments en bagatelles pures,
               Qu'il faudroit employer à prendre des mesures.
               Aux menaces du fourbe on doit ne dormir point.

DAMIS   Quoi? son effronterie iroit jusqu'à ce point?

ELMIRE   Pour moi, je ne crois pas cette instance possible,
               Et son ingratitude est ici trop visible.

CLEANTE   Ne vous y fiez pas: il aura des ressorts
               Pour donner contre vous raison à ses efforts;
               Et sur moins que cela, le poids d'une cabale
               Embarrasse les gens dans un fâcheux dédale.
               Je vous le dis encore: armé de ce qu'il a,
               Vous ne deviez jamais le pousser jusque là.

ORGON   Il est vrai; mais qu'y faire? A l'orgueil de ce traître,
               De mes ressentiments je n'ai pas été maître.

CLEANTE   Je voudrois, de bon coeur, qu'on pût entre vous deux
               De quelque ombre de paix raccommoder les noeuds.

ELMIRE   Si j'avois su qu'en main il a de telles armes,
               Je n'aurois pas donné matière à tant d'alarmes,
               Et mes...

ORGON   The devil! How could I see any surer?
               Should I have waited till, before my eyes,
               He … No, you'll make me say things quite improper.

MADAME   In short, 'tis known too pure a zeal inflames him;
PERNELLE   And so, I cannot possibly conceive
               That he should try to do what's charged against him.

ORGON   If you were not my mother, I should say
               Such things! … I know not what, I'm so enraged!

DORINE   (to Orgon)
               Fortune has paid you fair, to be so doubted;
               You flouted our report, now yours is flouted.

CLEANTE   We're wasting time here in the merest trifling,
               Which we should rather use in taking measures
               To guard ourselves against the scoundrel's threats.

DAMIS   You think his impudence could go far?

ELMIRE   For one, I can't believe it possible;
               Why, his ingratitude would be too patent.

CLEANTE   Don't trust to that; he'll find abundant warrant
               To give good colour to his acts against you;
               And for less cause than this, a strong cabal
               Can make one's life a labyrinth of troubles.
               I tell you once again: armed as he is
               You never should have pushed him quite so far.

ORGON   True; yet what could I do? The rascal's pride
               Made me lose all control of my resentment.

CLEANTE   I wish with all my heart that some pretence
               Of peace could be patched up between you two

ELMIRE   If I had known what weapons he was armed with,
               I never should have raised such an alarm,
               And my …

ORGON Que veut cet homme? Allez tôt le savoir.
       Je suis bien en état que l'on me vienne voir !

ORGON   (to Dorine, seeing Mr. Loyal come in)
Who's coming now? Go quick, find out.
I'm in a fine state to receive a visit!

SCÈNE IV.

Monsieur Loyal, Madame Pernelle, Orgon, Damis, Mariane,
Dorine, Elmire, Cléante.

MR. LOYAL   Bonjour, ma chère soeur; faites, je vous supplie,
Que je parle à Monsieur.

DORINE   Il est en compagnie,
Et je doute qu'il puisse à présent voir quelqu'un.

MR. LOYAL   Je ne suis pas pour être en ces lieux importun.
Mon abord n'aura rien, je crois, qui lui déplaise;
Et je viens pour un fait dont il sera bien aise.

DORINE   Votre nom?

MR. LOYAL   Dites-lui seulement que je vien
De la part de Monsieur Tartuffe, pour son bien.

DORINE   C'est un homme qui vient, avec douce manière,
De la part de Monsieur Tartuffe, pour affaire
Dont vous serez, dit-il, bien aise.

CLEANTE   Il vous faut voir
Ce que c'est que cet homme, et ce qu'il peut vouloir.

ORGON   Pour nous raccommoder il vient ici peut-être:
Quels sentiments aurai-je à lui faire paroître?

SCENE IV

ORGON, MADAME PERNELLE, ELMIRE, MARIANE,
CLEANTE, DAMIS, DORINE, MR. LOYAL

MR. LOYAL (to Dorine, at the back of the stage)
           Good day, good sister. Pray you, let me see
           The master of the house.

DORINE   He's occupied;
           I think he can see nobody at present.

MR. LOYAL I'm not by way of being unwelcome here.
           My coming can, I think, nowise displease him;
           My errand will be found to his advantage.

DORINE   Your name, then?

MR. LOYAL Tell him simply that his friend
           Mr. Tartuffe has sent me, for his goods ...

DORINE   (to Orgon)
           It is a man who comes, with civil manners,
           Sent by Tartuffe, he says, upon an errand
           That you'll be pleased with.

CLEANTE   (to Orgon)
           Surely you must see him,
           And find out who he is, and what he wants.

ORGON   (to Cleante)
           Perhaps he's come to make it up between us:
           How shall I treat him?

CLEANTE   Votre ressentiment ne doit point éclater;
    Et s'il parle d'accord, il le faut écouter.

MR. LOYAL   Salut, Monsieur. Le Ciel perde qui vous veut nuire,
    Et vous soit favorable autant que je désire !

ORGON   Ce doux début s'accorde avec mon jugement,
    Et présage déjà quelque accommodement.

MR. LOYAL   Toute votre maison m'a toujours été chère,
    Et j'étois serviteur de Monsieur votre père.

ORGON   Monsieur, j'ai grande honte et demande pardon
    D'être sans vous connoître ou savoir votre nom.

MR. LOYAL   Je m'appelle Loyal, natif de Normandie,
    Et suis huissier à verge, en dépit de l'envie.
    J'ai depuis quarante ans, grâce au Ciel, le bonheur
    D'en exercer la charge avec beaucoup d'honneur;
    Et je vous viens, Monsieur, avec votre licence,
    Signifier l'exploit de certaine ordonnance...

ORGON   Quoi? vous êtes ici...

MR. LOYAL   Monsieur, sans passion:
    Ce n'est rien seulement qu'une sommation,
    Un ordre de vuider d'ici, vous et les vôtres,
    Mettre vos meubles hors, et faire place à d'autres,
    Sans délai ni remise, ainsi que besoin est...

ORGON   Moi, sortir de céans?

CLEANTE   You must not get angry;
           And if he talks of reconciliation
           Accept it.

MR. LOYAL (to Orgon)
           Sir, good-day. And Heaven send
           Harm to your enemies, favour to you.

ORGON   (aside to Cleante)
           This mild beginning suits with my conjectures
           And promises some compromise already.

MR. LOYAL All of your house has long been dear to me;
           I had the honour, sir, to serve your father.

ORGON   Sir, I am much ashamed, and ask your pardon
           For not recalling now your face or name.

MR. LOYAL My name is Loyal. I'm from Normandy.
           My office is court-bailiff, in despite
           Of envy; and for forty years, thank Heaven,
           It's been my fortune to perform that office
           With honour. So I've come, sir, by your leave
           To render service of a certain writ ...

ORGON   What, you are here to ...

MR. LOYAL Pray, sir, don't be angry.
           'Tis nothing, sir, but just a little summons:—
           Order to vacate, you and yours, this house,
           Move out your furniture, make room for others,
           And that without delay or putting off,
           As needs must be ...

ORGON   I? Leave this house?

Tartuffe

MR. LOYAL	Oui, Monsieur, s'il vous plaît.
	La maison à présent, comme savez de reste,
	Au bon Monsieur Tartuffe appartient sans conteste.
	De vos biens désormais il est maître et seigneur,
	En vertu d'un contrat duquel je suis porteur:
	Il est en bonne forme, et l'on n'y peut rien dire.
DAMIS	Certes cette impudence est grande, et je l'admire.
MR. LOYAL	Monsieur, je ne dois point avoir affaire à vous;
	C'est à Monsieur: il est et raisonnable et doux,
	Et d'un homme de bien il sait trop bien l'office,
	Pour se vouloir du tout opposer à justice.
ORGON	Mais...
MR. LOYAL	Oui, Monsieur, je sais que pour un million
	Vous ne voudriez pas faire rébellion,
	Et que vous souffrirez, en honnête personne,
	Que j'exécute ici les ordres qu'on me donne.
DAMIS	Vous pourriez bien ici sur votre noir jupon,
	Monsieur l'huissier à verge, attirer le bâton.
MR. LOYAL	Faites que votre fils se taise ou se retire,
	Monsieur. J'aurois regret d'être obligé d'écrire,
	Et de vous voir couché dans mon procès-verbal.
DORINE	Ce Monsieur Loyal porte un air bien déloyal !

MR. LOYAL   Yes, please, sir
            The house is now, as you well know, of course,
            Mr. Tartuffe's. And he, beyond dispute,
            Of all your goods is henceforth lord and master
            By virtue of a contract here attached,
            Drawn in due form, and unassailable.

DAMIS   (to Mr. Loyal)
            Your insolence is monstrous, and astounding!

MR. LOYAL   (to Damis)
            I have no business, sir, that touches you;
            (Pointing to Orgon)
            This is the gentleman. He's fair and courteous,
            And knows too well a gentleman's behaviour
            To wish in any wise to question justice.

ORGON   But …

MR. LOYAL   Sir, I know you would not for a million
            Wish to rebel; like a good citizen
            You'll let me put in force the court's decree.

DAMIS   Your long black gown may well, before you know it,
            Mister Court-bailiff, get a thorough beating.

MR. LOYAL   (to Orgon)
            Sir, make your son be silent or withdraw.
            I should be loath to have to set things down,
            And see your names inscribed in my report.

DORINE   (aside)
            This Mr. Loyal's looks are most disloyal.

MR. LOYAL Pour tous les gens de bien j'ai de grandes tendresses,
Et ne me suis voulu, Monsieur, charger des pièces
Que pour vous obliger et vous faire plaisir,
Que pour ôter par là le moyen d'en choisir
Qui, n'ayant point pour vous le zèle qui me pousse,
Auroient pu procéder d'une façon moins douce.

ORGON Et que peut-on de pis que d'ordonner aux gens
De sortir de chez eux?

MR. LOYAL On vous donne du temps,
Et jusques à demain je ferai surséance
A l'exécution, Monsieur, de l'ordonnance.
Je viendrai seulement passer ici la nuit,
Avec dix de mes gens, sans scandale et sans bruit.
Pour la forme, il faudra, s'il vous plaît, qu'on m'apporte,
Avant que se coucher, les clefs de votre porte.
J'aurai soin de ne pas troubler votre repos,
Et de ne rien souffrir qui ne soit à propos.
Mais demain, du matin, il vous faut être habile
A vuider de céans jusqu'au moindre ustensile:
Mes gens vous aideront, et je les ai pris forts,
Pour vous faire service à tout mettre dehors.
On n'en peut pas user mieux que je fais, je pense;
Et comme je vous traite avec grande indulgence,
Je vous conjure aussi, Monsieur, d'en user bien,
Et qu'au dû de ma charge on ne me trouble en rien.

ORGON Du meilleur de mon coeur je donnerois sur l'heure
Les cent plus beaux louis de ce qui me demeure,
Et pouvoir à plaisir sur ce mufle assener
Le plus grand coup de poing qui se puisse donner.

CLEANTE Laissez, ne gâtons rien.

DAMIS A cette audace étrange,
J'ai peine à me tenir, et la main me démange.

MR. LOYAL   I have much feeling for respectable
And honest folk like you, sir, and consented
To serve these papers, only to oblige you,
And thus prevent the choice of any other
Who, less possessed of zeal for you than I am
Might order matters in less gentle fashion.

ORGON   And how could one do worse than order people
Out of their house?

MR. LOYAL   Why, we allow you time;
And even will suspend until to-morrow
The execution of the order, sir.
I'll merely, without scandal, quietly,
Come here and spend the night, with half a score
Of officers; and just for form's sake, please,
You'll bring your keys to me, before retiring.
I will take care not to disturb your rest,
And see there's no unseemly conduct here.
But by to-morrow, and at early morning,
You must make haste to move your least belongings;
My men will help you—I have chosen strong ones
To serve you, sir, in clearing out the house.
No one could act more generously, I fancy,
And, since I'm treating you with great indulgence,
I beg you'll do as well by me, and see
I'm not disturbed in my discharge of duty.

ORGON   I'd give this very minute, and not grudge it,
The hundred best gold louis I have left,
If I could just indulge myself, and land
My fist, for one good square one, on his snout.

CLEANTE   (aside to Orgon)
Careful!—don't make things worse.

DAMIS   Such insolence!
I hardly can restrain myself. My hands
Are itching to be at him.

DORINE   Avec un si bon dos, ma foi, Monsieur Loyal,
                    Quelques coups de bâton ne vous siéroient pas mal.

MR. LOYAL On pourroit bien punir ces paroles infâmes,
                    Mamie, et l'on décrète aussi contre les femmes.

CLEANTE   Finissons tout cela, Monsieur: c'en est assez;
                    Donnez tôt ce papier, de grâce, et nous laissez.

MR. LOYAL Jusqu'au revoir. Le Ciel vous tienne tous en joie !

ORGON   Puisse-t-il te confondre, et celui qui t'envoie !

DORINE	By my faith,
	With such a fine broad back, good Mr. Loyal,
	A little beating would become you well.
MR. LOYAL	My girl, such infamous words are actionable.
	And warrants can be issued against women.
CLEANTE	(to Mr. Loyal)
	Enough of this discussion, sir; have done.
	Give us the paper, and then leave us, pray.
MR. LOYAL	Then au revoir. Heaven keep you from disaster!
ORGON	May Heaven confound you both, you and your master!

SCÈNE V.

Orgon, Cléante, Mariane, Elmire, Madame Pernelle, Dorine,
Damis.

ORGON

Hé bien, vous le voyez, ma mère, si j'ai droit,
Et vous pouvez juger du reste par l'exploit:
Ses trahisons enfin vous sont-elles connues?

MADAME
PERNELLE

Je suis toute ébaubie, et je tombe des nues !

DORINE

Vous vous plaignez à tort, à tort vous le blâmez,
Et ses pieux desseins par là sont confirmés:
Dans l'amour du prochain sa vertu se consomme;
Il sait que très souvent les biens corrompent l'homme,
Et, par charité pure, il veut vous enlever
Tout ce qui vous peut faire obstacle à vous sauver.

ORGON

Taisez-vous, c'est le mot qu'il vous faut toujours dire.

CLEANTE

Allons voir quel conseil on doit vous faire élire.

ELMIRE

Allez faire éclater l'audace de l'ingrat.
Ce procédé détruit la vertu du contrat;
Et sa déloyauté va paroître trop noire,
Pour souffrir qu'il en ait le succès qu'on veut croire.

SCENE V

ORGON, MADAME PERNELLE, ELMIRE, CLEANTE,
MARIANE, DAMIS, DORINE

ORGON

Well, mother, am I right or am I not?
This writ may help you now to judge the matter.
Or don't you see his treason even yet?

MADAME
PERNELLE

I'm all amazed, befuddled, and beflustered!

DORINE

(to Orgon)
You are quite wrong, you have no right to blame him;
This action only proves his good intentions.
Love for his neighbour makes his virtue perfect;
And knowing money is a root of evil,
In Christian charity, he'd take away
Whatever things may hinder your salvation.

ORGON

Be still. You always need to have that told you.

CLEANTE

(to Orgon)
Come, let us see what course you are to follow.

ELMIRE

Go and expose his bold ingratitude.
Such action must invalidate the contract;
His perfidy must now appear too black
To bring him the success that he expects.

SCÈNE VI.

Valère, Orgon, Cléante, Elmire, Mariane, etc.

VALERE   Avec regret, Monsieur, je viens vous affliger;
     Mais je m'y vois contraint par le pressant danger.
     Un ami, qui m'est joint d'une amitié fort tendre,
     Et qui sait l'intérêt qu'en vous j'ai lieu de prendre,
     A violé pour moi, par un pas délicat,
     Le secret que l'on doit aux affaires d'État,
     Et me vient d'envoyer un avis dont la suite
     Vous réduit au parti d'une soudaine fuite.
     Le fourbe qui longtemps a pu vous imposer
     Depuis une heure au Prince a su vous accuser,
     Et remettre en ses mains, dans les traits qu'il vous jette,
     D'un criminel d'État l'importante cassette,
     Dont, au mépris, dit-il, du devoir d'un sujet,
     Vous avez conservé le coupable secret.
     J'ignore le détail du crime qu'on vous donne;
     Mais un ordre est donné contre votre personne;
     Et lui-même est chargé, pour mieux l'exécuter,
     D'accompagner celui qui vous doit arrêter.

CLEANTE   Voilà ses droits armés; et c'est par où le traître
     De vos biens qu'il prétend cherche à se rendre maître.

ORGON   L'homme est, je vous l'avoue, un méchant animal !

VALERE   Le moindre amusement vous peut être fatal.
     J'ai, pour vous emmener, mon carrosse à la porte,
     Avec mille louis qu'ici je vous apporte.
     Ne perdons point de temps: le trait est foudroyant,
     Et ce sont de ces coups que l'on pare en fuyant.
     A vous mettre en lieu sûr je m'offre pour conduite,
     Et veux accompagner jusqu'au bout votre fuite.

SCENE VI

VALERE, ORGON, MADAME PERNELLE, ELMIRE, CLEANTE, MARIANE, DAMIS, DORINE

VALERE   Tis with regret, sir, that I bring bad news;
But urgent danger forces me to do so.
A close and intimate friend of mine, who knows
The interest I take in what concerns you,
Has gone so far, for my sake, as to break
The secrecy that's due to state affairs,
And sent me word but now, that leaves you only
The one expedient of sudden flight.
The villain who so long imposed upon you,
Found means, an hour ago, to see the prince,
And to accuse you (among other things)
By putting in his hands the private strong-box
Of a state-criminal, whose guilty secret,
You, failing in your duty as a subject,
(He says) have kept. I know no more of it
Save that a warrant's drawn against you, sir,
And for the greater surety, that same rascal
Comes with the officer who must arrest you.

CLEANTE   His rights are armed; and this is how the scoundrel
Seeks to secure the property he claims.

ORGON   Man is a wicked animal, I'll own it!

VALERE   The least delay may still be fatal, sir.
I have my carriage, and a thousand louis,
Provided for your journey, at the door.
Let's lose no time; the bolt is swift to strike,
And such as only flight can save you from.
I'll be your guide to seek a place of safety,
And stay with you until you reach it, sir.

ORGON   Las ! que ne dois-je point à vos soins obligeants !
Pour vous en rendre grâce il faut un autre temps;
Et je demande au Ciel de m'être assez propice,
Pour reconnoître un jour ce généreux service.
Adieu: prenez le soin, vous autres...

CLEANTE   Allez tôt:
Nous songerons, mon frère, à faire ce qu'il faut.

ORGON   How much I owe to your obliging care!
         Another time must serve to thank you fitly;
         And I pray Heaven to grant me so much favour
         That I may some day recompense your service.
         Good-bye; see to it, all of you …

CLEANTE Come hurry;
         We'll see to everything that's needful, brother.

SCÈNE DERNIÈRE.

L'Exempt, Tartuffe, Valère, Orgon, Elmire, Mariane, etc.

TARTUFFE   Tout beau, Monsieur, tout beau, ne courez point si vite:
Vous n'irez pas fort loin pour trouver votre gîte,
Et de la part du Prince on vous fait prisonnier.

ORGON   Traître, tu me gardois ce trait pour le dernier;
C'est le coup, scélérat, par où tu m'expédies,
Et voilà couronner toutes tes perfidies.

TARTUFFE   Vos injures n'ont rien à me pouvoir aigrir,
Et je suis pour le Ciel appris à tout souffrir.

CLEANTE   La modération est grande, je l'avoue.

DAMIS   Comme du Ciel l'infâme impudemment se joue !

TARTUFFE   Tous vos emportements ne sauroient m'émouvoir,
Et je ne songe à rien qu'à faire mon devoir.

MARIANE   Vous avez de ceci grande gloire à prétendre,
Et cet emploi pour vous est fort honnête à prendre.

TARTUFFE   Un emploi ne sauroit être que glorieux,
Quand il part du pouvoir qui m'envoie en ces lieux.

ORGON   Mais t'es-tu souvenu que ma main charitable,
Ingrat, t'a retiré d'un état misérable?

SCENE VII

TARTUFFE, AN OFFICER, MADAME PERNELLE,
ORGON, ELMIRE, CLEANTE, MARIANE, VALERE,
DAMIS, DORINE

TARTUFFE   (stopping Orgon)
Softly, sir, softly; do not run so fast;
You haven't far to go to find your lodging;
By order of the prince, we here arrest you.

ORGON   Traitor! You saved this worst stroke for the last;
This crowns your perfidies, and ruins me.

TARTUFFE   I shall not be embittered by your insults,
For Heaven has taught me to endure all things.

CLEANTE   Your moderation, I must own, is great.

DAMIS   How shamelessly the wretch makes bold with Heaven!

TARTUFFE   Your ravings cannot move me; all my thought
Is but to do my duty.

MARIANE   You must claim
Great glory from this honourable act.

TARTUFFE   The act cannot be aught but honourable,
Coming from that high power which sends me here.

ORGON   Ungrateful wretch, do you forget 'twas I
That rescued you from utter misery?

TARTUFFE   Oui, je sais quels secours j'en ai pu recevoir;
Mais l'intérêt du Prince est mon premier devoir;
De ce devoir sacré la juste violence
Étouffe dans mon coeur toute reconnoissance,
Et je sacrifierois à de si puissants noeuds
Ami, femme, parents, et moi-même avec eux.

ELMIRE   L'imposteur !

DORINE   Comme il sait, de traîtresse manière,
Se faire un beau manteau de tout ce qu'on révère !

CLEANTE   Mais s'il est si parfait que vous le déclarez,
Ce zèle qui vous pousse et dont vous vous parez,
D'où vient que pour paroître il s'avise d'attendre
Qu'à poursuivre sa femme il ait su vous surprendre,
Et que vous ne songez à l'aller dénoncer
Que lorsque son honneur l'oblige à vous chasser?
Je ne vous parle point, pour devoir en distraire,
Du don de tout son bien qu'il venoit de vous faire;
Mais le voulant traiter en coupable aujourd'hui,
Pourquoi consentiez-vous à rien prendre de lui?

TARTUFFE   Délivrez-moi, Monsieur, de la criaillerie,
Et daignez accomplir votre ordre, je vous prie.

THE OFFICER   Oui, c'est trop demeurer sans doute à l'accomplir:
Votre bouche à propos m'invite à le remplir;
Et pour l'exécuter, suivez-moi tout à l'heure
Dans la prison qu'on doit vous donner pour demeure.

TARTUFFE   Qui? moi, Monsieur?

THE OFFICER   Oui, vous.

TARTUFFE   Pourquoi donc la prison?

TARTUFFE   I've not forgot some help you may have given;
             But my first duty now is toward my prince.
             The higher power of that most sacred claim
             Must stifle in my heart all gratitude;
             And to such puissant ties I'd sacrifice
             My friend, my wife, my kindred, and myself.

ELMIRE   The hypocrite!

DORINE   How well he knows the trick
             Of cloaking him with what we most revere!

CLEANTE   But if the motive that you make parade of
             Is perfect as you say, why should it wait
             To show itself, until the day he caught you
             Soliciting his wife? How happens it
             You have not thought to go inform against him
             Until his honour forces him to drive you
             Out of his house? And though I need not mention
             That he'd just given you his whole estate,
             Still, if you meant to treat him now as guilty,
             How could you then consent to take his gift?

TARTUFFE   (to the Officer)
             Pray, sir, deliver me from all this clamour;
             Be good enough to carry out your order.

THE   Yes, I've too long delayed its execution;
OFFICER   'Tis very fitting you should urge me to it;
             So therefore, you must follow me at once
             To prison, where you'll find your lodging ready.

TARTUFFE   Who? I, sir?

THE   You.
OFFICER
TARTUFFE   By why to prison?

THE
OFFICER

Ce n'est pas vous à qui j'en veux rendre raison.
Remettez-vous, Monsieur, d'une alarme si chaude.
Nous vivons sous un prince ennemi de la fraude,
Un prince dont les yeux se font jour dans les coeurs,
Et que ne peut tromper tout l'art des imposteurs.
D'un fin discernement sa grande âme pourvue
Sur les choses toujours jette une droite vue;
Chez elle jamais rien ne surprend trop d'accès,
Et sa ferme raison ne tombe en nul excès.
Il donne aux gens de bien une gloire immortelle;
Mais sans aveuglement il fait briller ce zèle,
Et l'amour pour les vrais ne ferme point son coeur
A tout ce que les faux doivent donner d'horreur.
Celui-ci n'étoit pas pour le pouvoir surprendre,
Et de pièges plus fins on le voit se défendre.
D'abord il a percé, par ses vives clartés,
Des replis de son coeur toutes les lâchetés.
Venant vous accuser, il s'est trahi lui-même,
Et par un juste trait de l'équité suprême,
S'est découvert au Prince un fourbe renommé,
Dont sous un autre nom il étoit informé;
Et c'est un long détail d'actions toutes noires
Dont on pourroit former des volumes d'histoires.
Ce monarque, en un mot, a vers vous détesté
Sa lâche ingratitude et sa déloyauté;
A ses autres horreurs il a joint cette suite,

Molière

THE OFFICER	You

THE
OFFICER

You
Are not the one to whom I owe account.
You, sir (to Orgon), recover from your hot alarm.
Our prince is not a friend to double dealing,
His eyes can read men's inmost hearts, and all
The art of hypocrites cannot deceive him.
His sharp discernment sees things clear and true;
His mind cannot too easily be swayed,
For reason always holds the balance even.
He honours and exalts true piety,
But knows the false, and views it with disgust.
This fellow was by no means apt to fool him,
Far subtler snares have failed against his wisdom,
And his quick insight pierced immediately
The hidden baseness of this tortuous heart.
Accusing you, the knave betrayed himself,
And by true recompense of Heaven's justice
He stood revealed before our monarch's eyes
A scoundrel known before by other names,
Whose horrid crimes, detailed at length, might fill
A long-drawn history of many volumes.
Our monarch—to resolve you in a word—
Detesting his ingratitude and baseness,
Added this horror to his other crimes,
And sent me hither under his direction
To see his insolence out-top itself,

Et ne m'a jusqu'ici soumis à sa conduite
Que pour voir l'impudence aller jusques au bout,
Et vous faire par lui faire raison du tout.
Oui, de tous vos papiers, dont il se dit le maître,
Il veut qu'entre vos mains je dépouille le traître.
D'un souverain pouvoir, il brise les liens
Du contrat qui lui fait un don de tous vos biens,
Et vous pardonne enfin cette offense secrète
Où vous a d'un ami fait tomber la retraite;
Et c'est le prix qu'il donne au zèle qu'autrefois
On vous vit témoigner en appuyant ses droits,
Pour montrer que son coeur sait, quand moins on y pense,
D'une bonne action verser la récompense,
Que jamais le mérite avec lui ne perd rien,
Et que mieux que du mal il se souvient du bien.

DORINE   Que le Ciel soit loué !

MADAME   Maintenant je respire.
PERNELLE

ELMIRE   Favorable succès !

MARIANE   Qui l'auroit osé dire?

ORGON   Hé bien ! te voilà, traître...

And force him then to give you satisfaction.
Your papers, which the traitor says are his,
I am to take from him, and give you back;
The deed of gift transferring your estate
Our monarch's sovereign will makes null and void;
And for the secret personal offence
Your friend involved you in, he pardons you:
Thus he rewards your recent zeal, displayed
In helping to maintain his rights, and shows
How well his heart, when it is least expected,
Knows how to recompense a noble deed,
And will not let true merit miss its due,
Remembering always rather good than evil.

DORINE   Now Heaven be praised!

MADAME   At last I breathe again.
PERNELLE

ELMIRE   A happy outcome!

MARIANE   Who'd have dared to hope it?

ORGON   (to Tartuffe, who is being led by the officer)
              There traitor! Now you're …

CLEANTE   Ah ! mon frère, arrêtez,
            Et ne descendez point à des indignités;
            A son mauvais destin laissez un misérable,
            Et ne vous joignez point au remords qui l'accable:
            Souhaitez bien plutôt que son coeur en ce jour
            Au sein de la vertu fasse un heureux retour,
            Qu'il corrige sa vie en détestant son vice
            Et puisse du grand Prince adoucir la justice,
            Tandis qu'à sa bonté vous irez à genoux
            Rendre ce que demande un traitement si doux.

ORGON   Oui, c'est bien dit: allons à ses pieds avec joie
            Nous louer des bontés que son coeur nous déploie.
            Puis, acquittés un peu de ce premier devoir,
            Aux justes soins d'un autre il nous faudra pourvoir,
            Et par un doux hymen couronner en Valère
            La flamme d'un amant généreux et sincère.

SCENE VIII

MADAME PERNELLE, ORGON, ELMIRE, MARIANE,
CLEANTE, VALERE, DAMIS, DORINE

CLEANTE   Brother, hold!—and don't
Descend to such indignities, I beg you.
Leave the poor wretch to his unhappy fate,
And let remorse oppress him, but not you.
Hope rather that his heart may now return
To virtue, hate his vice, reform his ways,
And win the pardon of our glorious prince;
While you must straightway go, and on your knees
Repay with thanks his noble generous kindness.

ORGON   Well said! We'll go, and at his feet kneel down,
With joy to thank him for his goodness shown;
And this first duty done, with honours due,
We'll then attend upon another, too.
With wedded happiness reward Valere,
And crown a lover noble and sincere.

Mourning Becomes Electra
Eugene O'Neill
Oxford City Press, 2011
210 pages
ISBN: 978-1-84902-448-8

Available from www.amazon.com, www.amazon.co.uk

Mourning Becomes Electra is a play written by the American playwright Eugene O'Neill. It premiered on Broadway in 1931 and ran for 150 performances.
    The story is an updated Greek tragedy and features murder, adultery, incestuous love and revenge. O'Neill's characters have motivations that are influenced by the psychological theories of the 1930s. Hence, it can be understood from a Freudian perspective, with characters displaying Oedipus and Electra complexes.
    Mourning Becomes Electra is divided into three plays entitled Homecoming, The Hunted, and The Haunted, with themes corresponding to The Oresteia trilogy by Aeschylus. These plays are normally shown together and, as they each have four or five acts, it is extraordinarily lengthy, often being cut down when produced.

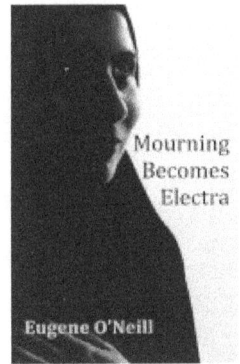

Six Characters in Search of an Author
Luigi Pirandello
Benediction Classics, 2011
104 pages
ISBN: 978-1-84902-461-7
Available from www.amazon.com, www.amazon.co.uk

'Six Characters in search of an Author' is a is a satirical tragicomedy play. First performed in 1921 at the Teatro Valle in Rome, it had a very mixed reception, with the audience shouting "Manicomio!" ("Madhouse!"). However, the reception improved significantly and in 1922 it played on Broadway at the Princess Theatre. The play starts with a group of actors preparing to rehearse for a Pirandello play. The rehearsal is interrupted by the arrival of six characters. One of then informs the manager that they are looking for an author. He explains that the author who created them did not finish their story, and that they therefore are unrealized characters who have not been fully brought to life. Initially, the manager goes to throw them out of the theatre, but becomes more intrigued when they start to describe their story.

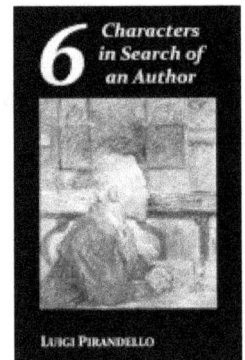

The Complete Plays of George Bernard Shaw (1893-1921), 34 Complete and Unabridged plays including: Mrs. Warren's Profession, Caesar and Cleopatra, Man and Superman, Major Barbara, Heartbreak House, Pygmalion, Arms and the Man, Misalliance, The Doctor's Dilemma and Candida
George Bernard Shaw
Oxford City Press, 2012
1076 pages
ISBN: 978-1-78139-348-2

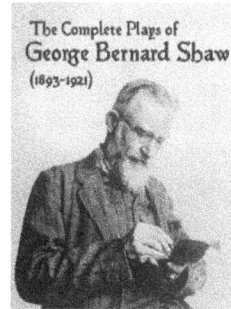

Available from www.amazon.com, www.amazon.co.uk

George Bernard Shaw was a satirical genius, ruthlessly exposing hypocrisy, and creating moral dilemmas for the reader to mull on. These are biting, witty, sometimes rude, highly intelligent plays. This collection of thirty-four of his plays is an Omnibus that will give hours of pleasure to the reader.

The New Hudson Shakespeare: Julius Caesar - with footnotes and Indexes
William Shakespeare
Benediction Classics, 2011
246 pages
ISBN: 978-1-84902-411-2

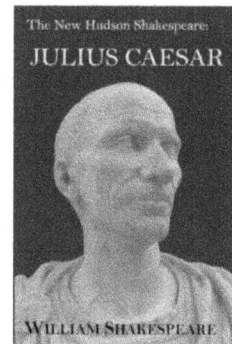

Available from www.amazon.com, www.amazon.co.uk

This book is based on an edition first published in 1908 and contains not only the play written by William Shakespeare, but a wealth of other information. There is an extensive introduction by Henry Hudson, explaining, amongst other things: the sources that Shakespeare drew on, the date of composition, early editions of the play, analysis by act and scene, the versification and diction, the characters and a chronological chart of Shakespeare's life. The text itself is presented with copious numbers of footnotes, some show text variants and others are editors notes. This edition also contains two indexes, the first referencing words and phrases in the text, and the second referencing quotations from Plutarch, who was thought to be the main source that Shakespeare used for this play. This book is a great resource for the reader intent on gaining a detailed understanding of this great work by Shakespeare.

Also from Benediction Books …
Wandering Between Two Worlds: Essays on Faith and Art
Anita Mathias
Benediction Books, 2007
152 pages
ISBN: 0955373700

Available from www.amazon.com, www.amazon.co.uk

In these wide-ranging lyrical essays, Anita Mathias writes, in lush, lovely prose,
of her naughty Catholic childhood in Jamshedpur, India; her large, eccentric fami-
ly in Mangalore, a sea-coast town converted by the Portuguese in the sixteenth
century; her rebellion and atheism as a teenager in her Himalayan boarding
school, run by German missionary nuns, St. Mary's Convent, Nainital; and her
abrupt religious conversion after which she entered Mother Teresa's convent in
Calcutta as a novice. Later rich, elegant essays explore the dualities of her life as a
writer, mother, and Christian in the United States-- Domesticity and Art, Writing
and Prayer, and the experience of being "an alien and stranger" as an immigrant in
America, sensing the need for roots.

About the Author

Anita Mathias is the author of *Wandering Between Two Worlds: Essays on Faith
and Art*. She has a B.A. and M.A. in English from Somerville College, Oxford
University, and an M.A. in Creative Writing from the Ohio State University,
USA. Anita won a National Endowment of the Arts fellowship in Creative Non-
fiction in 1997. She lives in Oxford, England with her husband, Roy, and her
daughters, Zoe and Irene.

Anita's website:
    http://www.anitamathias.com, and
Anita's blog Dreaming Beneath the Spires:
    http://dreamingbeneaththespires.blogspot.com

The Church That Had Too Much
Anita Mathias
Benediction Books, 2010
52 pages
ISBN: 9781849026567

Available from www.amazon.com, www.amazon.co.uk

The Church That Had Too Much was very well-intentioned. She wanted to love God, she wanted to love people, but she was both hampered by her muchness and the abundance of her possessions, and beset by ambition, power struggles and snobbery. Read about the surprising way The Church That Had Too Much began to resolve her problems in this deceptively simple and enchanting fable.

About the Author

Anita Mathias is the author of *Wandering Between Two Worlds: Essays on Faith and Art*. She has a B.A. and M.A. in English from Somerville College, Oxford University, and an M.A. in Creative Writing from the Ohio State University, USA. Anita won a National Endowment of the Arts fellowship in Creative Non-fiction in 1997. She lives in Oxford, England with her husband, Roy, and her daughters, Zoe and Irene.

Anita's website:
    http://www.anitamathias.com, and
Anita's blog Dreaming Beneath the Spires:
    http://dreamingbeneaththespires.blogspot.com

www.ingramcontent.com/pod-product-compliance
Lightning Source LLC
Chambersburg PA
CBHW050640150426
42813CB00054B/1130